日本からタイまでは、飛行機で約6時間。そこでは、日本と違う景色や人々、珍しい食べ物などがあなたを待っています！　お寺めぐり、タイ古式マッサージ体験、ムエタイ観賞、ゴルフやダイビングも楽しいですよ。

　出発前には「向こうに着いたらあれがしたい、これもしたい」という気持が、いざ到着した後には、目にするものに対し「あれは何だろう、これは何だろう」という疑問が、そして時には、「トラブルにあったらどうしよう」「病気になったらどうしよう」などといった不安が、みなさんの心の中にわいてくるのではないかと思います。

　そのようなときに、本書が役に立ちます。

　10の基本フレーズを基軸にして、タイ語がまったく分からない方でも簡単に「基本フレーズ」と「言い換え単語」でタイ語の会話文が作れるように工夫されています。そして必要な場面に対応できるように、7つの場面に分類・構成してあります。さらに、旅先で使用する定番表現やその応対例、お役立ち単語も多数収録しました。

　なお、すべてのタイ語には、声調記号（→6ページ）付きのカタカナ読みを添えてありますから、タイ文字を全く読めなくてもOK!（万が一発音が上手くできなくてもご安心を。該当箇所のタイ語を、指でさして示せば万事解決です）。

　現地の人と意思疎通ができれば、旅も一層楽しくなります。ぜひこの本を活用し、素敵な旅の思い出を作ってください。

中島マリン

CONTENTS

本書の使い方 　　　　　　　　　　　　　　　　　　　　　　　　　　　　　4

出発24時間前編　　　　　　　　　　　　　　　　　　　　　　　　　　5

タイ語基礎知識 　　　　　　　　　　　　　　　　　　　　　　　　　　　　6
基本の10フレーズ 　　　　　　　　　　　　　　　　　　　　　　　　　　　8
コミュニケーションに役立つ15の常用フレーズ 　　　　　　　　　　　　　　18
定番応答フレーズ8 　　　　　　　　　　　　　　　　　　　　　　　　　　19
知っておくと便利な表現 (数字／疑問詞／朝昼夜／時刻・時間／方向・　　　　20
　　　　　　　　　　　　位置／日付・暦の月／曜日・日)

場面別会話編

●機内・空港編　　　　　　　　　　　　　　　　　　　　　　　　　　　29

機内で　　　　　　　(場所を聞く／乗務員に用事を頼む／機内食／飲み物を頼む)　　30
◆お役立ち単語　　　　　　　　　　　　　　　　　　　　　　　　　　　　36
到着空港で　　　　　(入国審査／荷物の受け取り／紛失手荷物の窓口で／　　　　　38
　　　　　　　　　　税関審査／通貨を両替する)
空港から市内へ　　　(交通機関の場所を聞く／タクシーの運転手に頼む)　　　　　46

●宿泊編　　　　　　　　　　　　　　　　　　　　　　　　　　　　　　49

問い合わせ　　　　　(客室のタイプ／料金を聞く／施設の有無を聞く)　　　　　　50
フロントで　　　　　(希望を伝える／館内設備の場所を聞く)　　　　　　　　　　54
◆お役立ち単語　　　　　　　　　　　　　　　　　　　　　　　　　　　　57
部屋で　　　　　　　(使いたいと伝える／欲しいと伝える／用事を頼む)　　　　　58
朝ごはん　　　　　　(タイ風朝食を注文する／アメリカンブレックファストを注文する)　60
トラブル　　　　　　(故障している)　　　　　　　　　　　　　　　　　　　　64

●飲食編　　　　　　　　　　　　　　　　　　　　　　　　　　　　　　67

店を探す　　　　　　(店を探す)　　　　　　　　　　　　　　　　　　　　　　68
レストランで　　　　(席のリクエストをする／メニュー／飲み物／スープ／ご飯類／　70
　　　　　　　　　　一品料理／タイ風サラダ／麺類を頼む／調味料／タイスキ店で
　　　　　　　　　　注文する／デザートを注文する／食器などを持ってきてもらう)

フードコートで	（場所を聞く）	92
市場で	（食材を買う）	94
◆お役立ち単語		96

●ショッピング編　97

店を探す	（店を探す／売り場を探す）	98
お店で	（服を買う／デザイン／生地／色／サイズについてたずねる／鞄・靴・服飾雑貨／ギフト雑貨／文具／アクセサリーを買う／商品についてたずねる／化粧品／日用品を買う／ラッピングを頼む／場所を聞く）	100
◆お役立ち単語		116

●観光編　117

観光案内所で	（場所をたずねる／希望を伝える／ツアーの問合わせ）	118
観光スポットで	（チケットを買う／場所をたずねる／許可を得る／写真を撮る／時刻についてたずねる）	122

●アクティビティ編　129

アクティビティ	（希望を伝える／用具を借りる／設備についてたずねる／料金を聞く）	130
◆お役立ち単語		135
リラクゼーション	（コースを選ぶ／予約をする）	136
◆お役立ち単語		138

●トラブル編　139

トラブルに直面！	（助けを呼ぶ／盗難にあった／物を紛失した／連絡を頼む）	140
◆お役立ち単語		147
病院・薬局で	（お役立ち単語／発症時期を伝える／医者に言われる／薬を買う／薬の飲み方の説明）	148

（付録）お出かけタイ語会話ブック

本書の使い方

　本書は、「出発24時間前」「場面別会話編」「付録」の3部構成になっています。

1) 出発24時間前編

　本編を始める前に、基本の10フレーズを紹介します。各フレーズについて複数の例文（7～8文）を載せています。この例文は、「日本語→タイ語」の順でCDに収録されていますので、音声に続いて繰り返し練習してみましょう。出発前24時間でも間に合いますが、余裕のある人は3日～1週間前から練習してみるのもいいですね。

　CDにはほかに、「コミュニケーションに役立つ15の常用フレーズ」、「定番応答フレーズ8」、「知っておくと便利な表現」も収録されています（すべて日本語→タイ語）。

2) 場面別会話編「基本フレーズ＋単語」

　海外旅行のシチュエーションを「機内・空港」「宿泊」「飲食」「ショッピング」「観光」「アクティビティ」「トラブル」の7つに分け、各シチュエーションの基本単語を精選して収録しました。どの単語も基本フレーズと組み合わせて使えるようになっています。

　CDには、「フレーズ（日本語→タイ語）」、「言い換え単語（タイ語）」、「定番フレーズ（日本語→タイ語）」が収録されています。

3) 付録「お出かけタイ語会話ブック」

　携帯に便利な「お出かけブック」です。自分の必要な単語だけを写して出かけましょう。

出発24時間前編

基本の10フレーズ
基本知識を定番表現もまとめてチェック！

Track

「出発24時間前編」はCDに対応しています。「本編」で使う基本フレーズを、前もって練習しておきましょう。

🔳 言ってみましょう

〈日本語〉→〈タイ語〉の順に音声が収録されています。タイ語の後に続いて自分でも言ってみましょう。

最後に、「コミュニケーションに役立つ15の常用フレーズ」、「定番応答フレーズ8」、「知っておくと便利な表現」（疑問詞・数字・時間・お金など）が入っています。

タイ語基礎知識

　本書は、読みカナを活用することで、タイ語になじみがない方でも、旅先で楽しくコミュニケーションができるように作られています。

◆タイ語の音

① タイ語は抑揚の変化によって単語の意味が違います。正しく発音するために、読みカナの上に4つの「声調符号」をつけました。

・符号なしは「平声」：普段の高さの声で発音します。
・(ˋ) は「低声」：いちばん低い声で発音します。
・(ˆ) は「下声」：高いところから一気に下げるように発音します。
・(ˊ) は「高声」：高めの声でさらに高く発音します。
・(ˇ) は「上声」：低いところから高く押し上げるように発音します。

☆タイ文字と発音記号の声調が一致しないものもいくつか存在しますが、会話で使用しているときの声調を優先しています。

② 語尾（末子音）には「ク」、「グ」、「プ」、「ム」、「ト」などで終わるものがあり、ほとんど発音しませんので小文字にしてあります（例：トッㇰ）。

③ タイ語には2つの音を重ねて発音する「二重子音」があります。重ねて発音する文字を小文字にしてあります。（例：「プ」と「ラ」を重ねて発音する場合 → プﾗｰ）

④ タイ語には32もの母音があります（日本語は5つ）。カタカナで全てを正確に表記するのには限界があるため、本書ではなるべく近い音で表記しましたが、ぜひCDを活用し、耳や口で、タイ語に親しんでみてください。

⑤ 本来タイ語では、単語と単語の間をあけずに表記しますが、本書では、単語言い換えをしやすくするためと、タイ文字をより読みやすくするために、単語と単語の間にスペースをあけました。

◆人称代名詞

人を呼ぶときに便利ですので、覚えておきましょう。

私（男性・丁寧語）	ผม ポム
私（女性・丁寧語）	ดิฉัน ディチャン
あなた	คุณ クン
彼；彼女	เขา カゥ
私たち	พวกเรา プァックラゥ
あなたたち	พวกคุณ プァッククン
彼ら	พวกเขา プァックカゥ
～さん	คุณ ～ クン～
パンさん	คุณพัน クンパン

◆丁寧語

 文末につけることで、丁寧な表現になる「丁寧語」というのがありますが、男性と女性とでは違います。男性は文末に「クラッブ」、女性は文末に「カ」をつけるだけで丁寧語になります。

基本の10フレーズ

1 〜ください。

ขอ 〜

コー

レストランでの注文や買い物のときによく使われる表現です。タイ語の「ください（コー）」は、日本語の「乞う」と音が似ています。そしてその後に欲しい物をつけます。これ（アンニィ）、それ（アンナン）、あれ（アンノーン）をつければ、指をさすだけで欲しい物を伝えることができます。

言ってみましょう

これをください。	ขอ อันนี้ コー アンニィ
それをください。	ขอ อันนั้น コー アンナン
あれをください。	ขอ อันโน้น コー アンノーン
水をください。	ขอ น้ำ コー ナーム
領収書をください。	ขอ ใบเสร็จ コー バイセット
メニューをください。	ขอ เมนู コー メーヌー
コーヒーをください。	ขอ กาแฟ コー カーフェー
ビールをください。	ขอ เบียร์ コー ビア

★ 基本の10フレーズ ★

～がしたいです。

อยาก ～

ヤーㇰ

旅行先ではしたいことがたくさんありますよね。「ヤーㇰ」はそんなときに役に立つ表現です。「ヤーㇰ」の後に動詞をつけることで、「～がしたい」という意味になります。自分がどこへ行きたいのか、何をしたいのかなどの希望を、ガイドさんや現地の人に伝えてみましょう。

言ってみましょう

行きたいです。	อยาก ไป ヤーㇰ パイ
食べたいです。	อยาก กิน ヤーㇰ ギン
チェンマイへ行きたいです。	อยาก ไป เชียงใหม่ ヤーㇰ パイ チェンマイ
ドリアンが食べたいです。	อยาก กิน ทุเรียน ヤーㇰ ギン トゥリャン
写真を撮りたいです。	อยาก ถ่ายรูป ヤーㇰ ターイルーㇷ゚
両替したいです。	อยาก แลกเงิน ヤーㇰ レーㇰグン
チェックアウトしたいです。	อยาก เช็คเอ้าท์ ヤーㇰ チェッㇰアゥ

～がほしいです。
อยากได้ ～
ヤーㇰダイ～

「ヤーㇰダイ」の後に名詞をつけることで、「～がほしい」という意味になります。お店、ホテルや飲食店などで、ほしいものを相手に伝えるときに便利ですから、覚えておくといいですね。

■ 言ってみましょう

枕がほしいです。	อยากได้ หมอน
	ヤーㇰダイ モーン
箸がほしいです。	อยากได้ ตะเกียบ
	ヤーㇰダイ タギーァプ
おしぼりがほしいです。	อยากได้ ผ้าเย็น
	ヤーㇰダイ パーイェン
鎮痛剤がほしいです。	อยากได้ ยาแก้ปวด
	ヤーㇰダイ ヤーゲープアット
エクストラベッドがほしいです。	อยากได้ เตียงเสริม
	ヤーㇰダイ ティアンスーム
雑誌がほしいです。	อยากได้ นิตยสาร
	ヤーㇰダイ ニッタヤサーン
タイシルクがほしいです。	อยากได้ ผ้าไหมไทย
	ヤーㇰダイ パーマイタイ
通訳がほしいです。	อยากได้ ล่าม
	ヤーㇰダイ ラーム

★ 基本の10フレーズ ★

～してください。
ช่วย ～ หน่อย

チュアイ～ノイ

人に何か頼みたいときや、助けてもらいたいときに使う表現です。「チュアイ～ノイ」には、「ちょっと助けてください」という意味が含まれています。人の手を借りたいときに、使ってみましょう。

言ってみましょう

直してください。	ช่วย ซ่อม หน่อย
	チュアイ ソム ノイ
持ってきてください。	ช่วย เอามา หน่อย
	チュアイ アゥマー ノイ
医者を呼んでください。	ช่วย เรียก หมอ หน่อย
	チュアイ リァーク モー ノイ
タクシーを呼んでください。	ช่วย เรียก แท็กซี่ หน่อย
	チュアイ リァーク テェックシー ノイ
地図を書いてください。	ช่วย เขียน แผนที่ หน่อย
	チュアイ キァーン ペーンティ ノイ
エアコンの温度を調整してください。	ช่วย ปรับแอร์ หน่อย
	チュアイ プラブエァー ノイ
コピーをとってください。	ช่วย ถ่าย เอกสาร หน่อย
	チュアイ ターイ エーカサーン ノイ

～ですか。；～ますか。
～ หรือเปล่า

~ルーブラウ

「ですか」「ますか」を表す「ルーブラウ)」は文末につきます。「好きですか（チョープ　ルーブラウ）」と質問をした場合、好きなら「チョープ」。好きではないときは否定語の「マイ～」をつけて「マイ　チョープ」という答えが返ってきます。

言ってみましょう

好きですか。	**ชอบ หรือเปล่า**
	チョープ　ルーブラウ
あなたの物ですか。	**ของคุณ หรือเปล่า**
	コーングクン　ルーブラウ
理解できますか。	**เข้าใจ หรือเปล่า**
	カウチャイ　ルーブラウ
パクチー入っていますか。	**ใส่ ผักชี หรือเปล่า**
	サイ　パックチー　ルーブラウ
行ったことがありますか。	**เคย ไป หรือเปล่า**
	クーイ　パイ　ルーブラウ
迎えに来ますか。	**มารับ หรือเปล่า**
	マーラップ　ルーブラウ
急いでいますか。	**รีบ หรือเปล่า**
	リープ　ルーブラウ
追加注文しますか。	**สั่งเพิ่ม หรือเปล่า**
	サングプーム　ルーブラウ

〜はありますか。
มี 〜 ไหม
ミー〜マイ

「ミー」は「ある」、「マイ」は「ですか；ますか」です。物の有無を知りたいときは「ミー 〜 マイ」です。ある場合は「ミー」、ない場合は否定語の「マイ」をつけて、「マイミー」という答えが返ってきます「マイ」は⑤の「ループラウ」と同じ意味です。

■■ 言ってみましょう

ビールはありますか。	มี เบียร์ ไหม ミー ビァ マイ
果物はありますか。	มี ผลไม้ ไหม ミー ポンラマーイ マイ
ガイドはいますか。	มี ไกด์ ไหม ミー ガイ マイ
時間はありますか。	มี เวลา ไหม ミー ウェーラー マイ
空き部屋はありますか。	มี ห้องว่าง ไหม ミー ホングウーング マイ
灰皿はありますか。	มี ที่เขี่ยบุหรี่ ไหม ミー ティキァブリー マイ
送迎はありますか。	มี รถรับส่ง ไหม ミー ロットラップソング マイ
日本語のメニューはありますか。	มี เมนู ภาษาญี่ปุ่น ไหม ミー メーヌー パーサーイープン マイ

これは〜ですか。
นี่ ~ ไหม
ニィ〜マイ

「ニィ」は「これ」という意味で、買い物や料理の注文でよく使います。物の名前が分からなくても、指さして「ニィ ~ マイ」と聞けばOK。たとえば「ニィ ペット マイ（辛いですか）」と聞いた場合、辛ければ「ペット」、辛くなければ「マイ」を使った「マイ ペット」という答えが返ってきます。

🔲 言ってみましょう

これは辛いですか。	นี่ เผ็ด ไหม ニィ ペット マイ
これは甘いですか。	นี่ หวาน ไหม ニィ ウーン マイ
これは（値段が）高いですか。	นี่ แพง ไหม ニィ ペーング マイ
これは安いですか。	นี่ ถูก ไหม ニィ トゥーク マイ
これはおいしいですか。	นี่ อร่อย ไหม ニィ アロイ マイ
これはいいですか。	นี่ ดี ไหม ニィ ディ マイ
これは面白いですか。	นี่ สนุก ไหม ニィ サヌック マイ

★ 基本の10フレーズ ★

～してもいいですか。
～ได้ไหม

～ダイマイ

「ダイ」は「可能」という意味です。「～ダイマイ」を直訳すると「可能ですか」という意味になります。許可を得るときや物事が可能かどうか確認したいときに使います。問いに対して可能なときは「ダイ」、不可能なときは「マイダイ」という答えが返ってきます。

言ってみましょう

味見をしてもいいですか。　　　ชิม ได้ไหม
　　　　　　　　　　　　　　チム　ダイマイ

触ってみてもいいですか。　　　จับดู ได้ไหม
　　　　　　　　　　　　　　チャプドゥ　ダイマイ

写真をとってもいいですか。　　ถ่ายรูป ได้ไหม
　　　　　　　　　　　　　　ターイループ　ダイマイ

キャンセルをしてもいいですか。 ยกเลิก ได้ไหม
　　　　　　　　　　　　　　ヨックルーク　ダイマイ

ここに座ってもいいですか。　　นั่ง ที่นี่ ได้ไหม
　　　　　　　　　　　　　　ナング　ティニィ　ダイマイ

フライトの変更をしてもいいですか。 เปลี่ยน เที่ยวบิน ได้ไหม
　　　　　　　　　　　　　　プリアン　ティアウビン　ダイマイ

予約してもいいですか。　　　　จอง ได้ไหม
　　　　　　　　　　　　　　チョーング　ダイマイ

日にちを変更してもいいですか。 เปลี่ยน วัน ได้ไหม
　　　　　　　　　　　　　　プリアン　ワン　ダイマイ

～はどこですか。
～ อยู่ ที่ไหน
～ユー ティチャイ

「ユー」は「所在する」、「ティチャイ」は「どこ」という意味です。質問をするときは、知りたい場所を「ユーティチャイ」の前に置きます。質問に対して「ティニィ（ここ）」、「ティナン（そこ）」または「ティノーン（あそこ）」という答えが返ってきます。

言ってみましょう

お手洗いはどこですか。	**ห้องน้ำ อยู่ ที่ไหน** ホンチャーム ユー ティチャイ
入口はどこですか。	**ทางเข้า อยู่ ที่ไหน** ターンカウ ユー ティチャイ
出口はどこですか。	**ทางออก อยู่ ที่ไหน** ターンオーク ユー ティチャイ
バス停はどこですか。	**ป้าย รถเมล์ อยู่ ที่ไหน** パーイ ロットメー ユー ティチャイ
交番はどこですか。	**ป้อมตำรวจ อยู่ ที่ไหน** ポムタムルアット ユー ティチャイ
郵便局はどこですか。	**ไปรษณีย์ อยู่ ที่ไหน** プライサニー ユー ティチャイ
銀行はどこですか。	**ธนาคาร อยู่ ที่ไหน** タナーカーン ユー ティチャイ
エメラルド寺院はどこですか。	**วัดพระแก้ว อยู่ ที่ไหน** ウットプラゲーウ ユー ティチャイ

何時に〜ですか。
〜 กี่โมง

〜ギー モーング

「ギー」は「何」、「モーング」は「〜時」という意味です。「〜ギーモーング」は、時間をたずねるときに使います。時間の言い方は、22-23 ページを参照してください。

言ってみましょう

今何時ですか。	ตอนนี้ กี่โมง
	トーンニィ ギーモーング
何時に開きますか。	เปิด กี่โมง
	プァート ギーモーング
何時に閉めますか。	ปิด กี่โมง
	ピット ギーモーング
何時に着きますか。	ถึง กี่โมง
	トゥング ギーモーング
何時に迎えにきますか。	มารับ กี่โมง
	マーラップ ギーモーング
何時に待ち合わせですか。	นัด กี่โมง
	ナット ギーモーング
何時に始まりますか。	เริ่ม กี่โมง
	ルーム ギーモーング
何時に終わりますか。	เลิก กี่โมง
	ルーク ギーモーング

コミュニケーションに役立つ 15の常用フレーズ

基本の10フレーズ以外に覚えておきたい、あいさつや便利なフレーズです。さまざまな場面で使えますから、そのまま覚えましょう。

❋ 覚えましょう

❶ こんにちは。／さようなら。　สวัสดี
サウッディ

❷ ありがとう。　ขอบคุณ
コープクン

❸ 行き方がわかりません。　ไป ไม่ถูก
パイ マイトゥーク

❹ また会いましょう。　แล้ว พบกัน ใหม่
レゥ ポップガン マイ

❺ すみません。　ขอโทษ
コートート

❻ かまいません。　ไม่เป็นไร
マイペンライ

❼ これいくらですか。　นี่ เท่าไร
ニー タゥライ

❽ 高いです。　แพงไป
ペーングパイ

❾ 安くしてください。　ลดหน่อย
ロットノイ

❿ 要らない。　ไม่เอา
マイアウ

★ コミュニケーションに役立つ 15 の常用フレーズ / 定番応答フレーズ 8 ★

⑪ お勘定お願いします。 　คิดเงินด้วย
キットグンドゥアイ

⑫ 助けてください。 　ช่วยด้วย
チュアイドゥアイ

⑬ ちょっと待ってください。 　รอเดี๋ยว
ローディアウ

⑭ ゆっくり話してください。 　พูด ช้าๆ หน่อย
プート チャーチャー ノイ

⑮ タイ語は分かりません。 　ไม่เข้าใจ ภาษาไทย
マイカウチャイ パーサータイ

定番応答フレーズ 8

返事や応答でよく使う、基本的なフレーズです。覚えておくと会話がスムーズに進みます。

✳ 覚えましょう

Track 14

そうです。	ใช่ チャイ	ここです。	ที่นี่ ティニィ
違います。	ไม่ใช่ マイチャイ	そこです。	ที่นั่น ティナン
できます。	ได้ ダイ	あそこです。	ที่โน่น ティノーン
できません。	ไม่ได้ マイダイ		
了解です。	ตกลง トックロン		

19

知っておくと便利な表現

① 数字

　小さなお店や観光地のお土産屋の多くでは、日本のように値札がついていません。ですからその都度、値段を聞かなければなりません。数字を覚えていれば、値段の交渉もスムーズです。数字の言い方は日本語と同じです。たとえば 2,560 の場合、「二千五百六十」をそのままタイ語に置きかえますので「ソーンℊ　パン　ハー　ローイ　ホックシップ」になります。

　20 と、2 桁以上の数字で最後が 1 で終わる場合のみ、特別な言い方をします。20 は「イー　シップ」といい、「〜1」は「〜エット」といいます。11 は「シップ　エット」、31 は「サーム　シップ　エット」です。

0	ศูนย์ スーン	10	สิบ シップ
1	หนึ่ง ヌンℊ	11	สิบเอ็ด シップエット
2	สอง ソーンℊ	20	ยี่สิบ イーシップ
3	สาม サーム	21	ยี่สิบเอ็ด イーシップエット
4	สี่ シー	100	ร้อย ローイ
5	ห้า ハー	1000	พัน パン
6	หก ホック	10000	หมื่น ムーン
7	เจ็ด チェット	100000	แสน セーン
8	แปด ペート	1000000	ล้าน ラーン
9	เก้า カーウ	10000000	สิบล้าน シップラーン

Track 15

★ 知っておくと便利な表現 ★

② 疑問詞の言い方

何	อะไร
	アライ
どこ	ที่ไหน
	ティーナイ
だれ	ใคร
	クライ
いつ	เมื่อไร
	ムアライ
どうやって	อย่างไร
	ヤーングライ
なぜ	ทำไม
	タムマイ
いくら	เท่าไร
	タゥライ

③ 朝・昼・夜

朝	เช้า	夕方	เย็น
	チャーウ		イェン
昼	กลางวัน	夜	กลางคืน
	グラーングワン		グラーングクーン
午後	บ่าย		
	バーイ		

21

④ 時刻・時間

★午前0時から11時までを、タイ語で読んでみましょう。

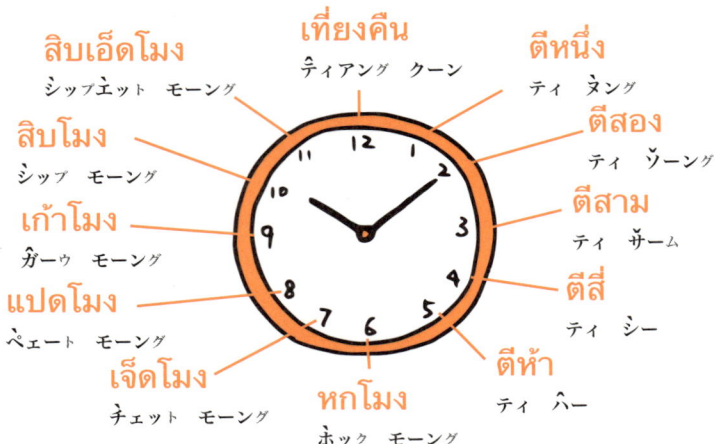

タイの時刻は、時間帯によって表現が違います。
★午前1時〜5時までは「ティ〜」です。

午前1時　　　　　　　ตี 1
　　　　　　　　　　　ティ　ヌング
午前2時　　　　　　　ตี 2
　　　　　　　　　　　ティ　ソーング

★午前6時から午後6時までは「〜モーン」。正午は「ティアング」です。

午前6時　　　　　　　เช้า 6 โมง
　　　　　　　　　　　チャーウ　ホック　モーング

★ 知っておくと便利な表現 ★

★正午から午後11時までを、タイ語で読んでみましょう。

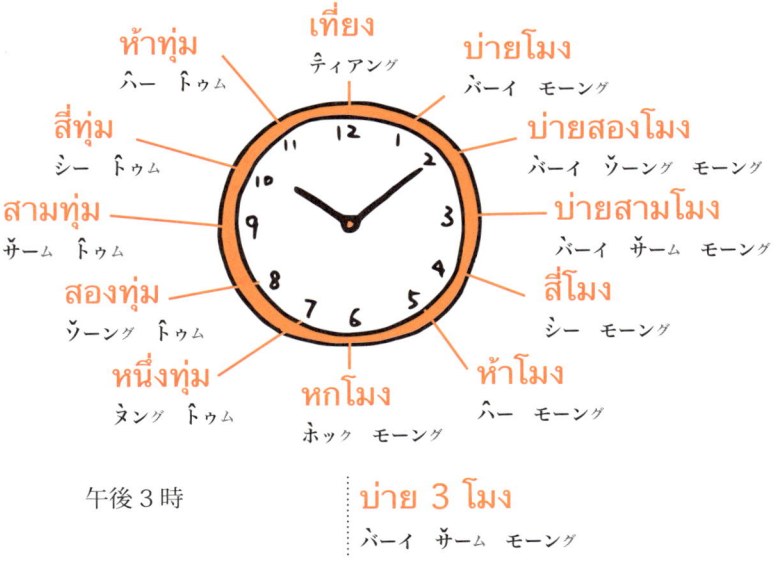

午後3時　　　　　　　　บ่าย 3 โมง
　　　　　　　　　　　　バーイ　サーム　モーング

★午後7時は「1 トゥム」で、時間毎に「2 トゥム」、「3 トゥム」と続き、午後11時は「5 トゥム」です。午前0時は「ティアング　クーン」。ちなみに「何時ですか」はタイ語で「**กี่โมง**（ギー　モーング）」と言います。

午後7時　　　　　　　　1 ทุ่ม
　　　　　　　　　　　　ヌング　トゥム

午後11時　　　　　　　 5 ทุ่ม
　　　　　　　　　　　　ハー　トゥム

23

⑤ その他時間にまつわる表現

時間（名詞）	เวลา
	ウェーラー
1時間	1 ชั่วโมง
	ヌング チュアモーング
13時（24時間制）	13 นาฬิกา
	シップサーム ナーリガー
1分	1 นาที
	ヌング ナーティー
1秒	1 วินาที
	ヌング ウィナーティー
1時半	บ่ายโมง ครึ่ง
	バーイモーング クルング
1時ちょうど	บ่ายโมง ตรง
	バーイモーング トロング
早い	เร็ว
	レゥ
遅い	ช้า
	チャー
お時間ありますか	มี เวลา ไหม
	ミー ウェーラー マイ
1時間かかります	ใช้ เวลา 1 ชั่วโมง
	チャイ ウェーラー ヌング チュアモーング
午後7時15分	1 ทุ่ม 15 นาที
	ヌング トゥム シップハー ナーティー

午後7時半	**1 ทุ่ม ครึ่ง** ヌン トゥム クルング	

今の時刻は22時です。
ตอนนี้ เวลา ยี่สิบสอง นาฬิกา
トーンニィ ウェーラー イーシップソーング ナーリガー

では午後7時15分に会いましょう。
แล้วเจอกัน 1 ทุ่ม 15 นาที
レゥジューガン ヌング トゥム シップハー ナーティー

あと5分で正午です。
อีกห้านาที เที่ยง
イークハーナーティ ティアング

⑥ 方向・位置

前	**ข้าง หน้า**	カング チー
後	**ข้าง หลัง**	カング ラング
右	**ข้าง ขวา**	カング クウァ
左	**ข้าง ซ้าย**	カング サーイ
上	**ข้าง บน**	カング ボン
下	**ข้าง ล่าง**	カング ラーング
中	**ข้าง ใน**	カング ナイ
外	**ข้าง นอก**	カング ノーク

⑦ 日付・暦の月

1日	วันที่ 1
	ワンティ ヌング
10日	วันที่ 10
	ワンティ シップ
1月	เดือน มกราคม
	ドゥアン マカラーコム
2月	เดือน กุมภาพันธ์
	ドゥアン グムパーパン
3月	เดือน มีนาคม
	ドゥアン ミーナーコム
4月	เดือน เมษายน
	ドゥアン メーサーヨン
5月	เดือน พฤษภาคม
	ドゥアン プルッサパーコム
6月	เดือน มิถุนายน
	ドゥアン ミトゥナーヨン
7月	เดือน กรกฎาคม
	ドゥアン ガラカダーコム
8月	เดือน สิงหาคม
	ドゥアン シングハーコム
9月	เดือน กันยายน
	ドゥアン ガンヤーヨン
10月	เดือน ตุลาคม
	ドゥアン トゥッラーコム

★ 知っておくと便利な表現 ★

11月	**เดือน พฤศจิกายน**
	ドゥアン プルッサチカーヨン
12月	**เดือน ธันวาคม**
	ドゥアン タンワーコム

ちなみにタイ語で年月日を表すときは、必ず日付、月、年の順番になります。西暦はタイ語で「コーソー」といいます。たとえば2011年8月1日なら、**วันที่ 1 เดือนสิงหาคม ค.ศ. 2011**（ワンティ ヌング ドゥアンシングハーコム コーソー ソーングパンシップエット）となります。

タイは仏教国であり、多くの祝日は仏教と関連しています。タイで使用されているタイ歴は仏暦といい、釈迦が入滅したとされる翌年から始まっています。西暦に543を足すと仏暦になります。仏暦のことをタイ語で「ポーソー」といいます。たとえば、西暦2012年（コーソー 2012）は、仏暦2555年（ポーソー 2555）になります。

⑧ 曜日・日

月曜日	**วันจันทร์**
	ワンチャン
火曜日	**วันอังคาร**
	ワンアングカーン
水曜日	**วันพุธ**
	ワンプット
木曜日	**วันพฤหัส**
	ワンパルハット
金曜日	**วันศุกร์**
	ワンスック
土曜日	**วันเสาร์**
	ワンサウ
日曜日	**วันอาทิตย์**
	ワンアーティット
今日	**วันนี้**
	ワンニィ
昨日	**เมื่อวานนี้**
	ムアワーンニィ
2日前	**สองวันก่อน**
	ソーングワンゴーン
明日	**พรุ่งนี้**
	プルングニィ
今週	**อาทิตย์นี้**
	アーティットニィ
来週	**อาทิตย์หน้า**
	アーティットナー

場面別会話編

機内・空港 編

楽しい旅の始まりは機内から。到着してからアクティブに行動するためにも、飛行機の中ではリラックスした状態で過ごしたいものです。機内にはタイ人のフライトアテンダントが勤務していますので、簡単なタイ語を使ってコミュニケーションを図ってみましょう。

機内で

場所を聞く

1. (搭乗券を見せながら) **この席**はどこですか。

   ที่นั่งนี้ อยู่ ที่ไหน
   ティ ナングニー ユー ティ ナイ

言い換え

お手洗い	**ห้องน้ำ** ホング チーム
非常口	**ทางออก ฉุกเฉิน** ターング オーク チュック チューン

乗務員に用事を頼む

2. **毛布**をください。

   ขอ ผ้าห่ม
   コー パーホム

言い換え

枕	**หมอน** モーン
新聞	**หนังสือพิมพ์** ナングスーピム
入国カード	**บัตร ขาเข้า** バット カーカウ
出国カード	**บัตร ขาออก** バット カーオーク
税関申告書	**ใบ สำแดง สิ่งของ** バイ サムデーング シングコーング

★ 機内で ★

機内食を頼む

3 魚をください。

ขอ ปลา
コー　プラー

言い換え

鶏肉	**ไก่**	ガイ
豚肉	**หมู**	ムー
牛肉	**เนื้อ**	ヌァ
チキンカレー	**แกงกะหรี่ไก่**	ゲーングガリーガイ
和食	**อาหาร ญี่ปุ่น**	アーハーン　イープン
タイ料理	**อาหาร ไทย**	アーハーン　タイ
精進料理	**อาหาร มังสวิรัต**	アーハーン　マンサウィラット
子供向け機内食	**อาหาร เด็ก**	アーハーン　デック

ひとくちメモ

◆機内食について◆
　タイにはいろいろな宗教の人がいます。タイ航空では、宗教が理由で肉を食べない乗客のために精進料理を用意しています。精進料理の主な材料は、野菜といろいろな種類の豆です。植物性食材で作られた肉や魚そっくりの料理は、本物と見分けがつかないぐらいです。肉が食べられない人は出発二日前までに希望すると機内で食べられます。

飲み物を頼む

4 オレンジジュースをください。

ขอ น้ำส้ม
ǔー チムソム

言い換え

アップルジュース	**น้ำแอปเปิ้ล**	チムエッピン
緑茶	**ชาเขียว**	チャーキャーゥ
紅茶	**ชาฝรั่ง**	チャーファラング
コーヒー	**กาแฟ**	カーフェー
ビール	**เบียร์**	ピア
ワイン	**ไวน์**	ワーィ
ウィスキー	**วิสกี้**	ウィッサキー
コカコーラ	**โค้ก**	コーク
牛乳	**นมสด**	ノムソット
水	**น้ำเปล่า**	チムプラーゥ

32

★ 機内で ★

定番フレーズ

  困ったときに使う

◎ 寒いです。
หนาว
ナーゥ

◎ 毛布の追加をください。
ขอ ผ้าห่ม เพิ่ม
コー パーホム プーム

◎ 枕の追加をください。
ขอ หมอน เพิ่ม
コー モーン プーム

◎ ヘッドフォンが故障しています。
หูฟัง เสีย
フーファング シア

◎ 新しいヘッドフォンをください。
ขอ หูฟัง อันใหม่
コー フーファング アンマイ

◎ 乗り物酔いです。
เมาเครื่อง
マゥクルアング

◎ 乗り物の酔い止め薬をください。
ขอ ยา แก้เมาเครื่อง
コー ヤー ゲェーマゥクルアング

◎ 頭が痛いです。
　ปวดหัว
　プアットラァ

◎ 痛み止めをください。
　ขอ ยา แก้ปวด
　コー ヤー ケープァット

◎ ボールペンを貸してください。
　ขอ ยืม ปากกา
　コー ユーム パークガー

◎ 少し席を倒してもいいですか。
　เอน พนักพิง ได้ไหม
　エーン パナックピング ダイマイ

◎ 席を替えることができますか。
　ขอ เปลี่ยน ที่นั่ง ได้ไหม
　コー プリァン ティナング ダイマイ

◎ ちょっと通してください。
　ขอทาง หน่อย
　コーターング ノィ

★ 機内で ★

●機内の単語

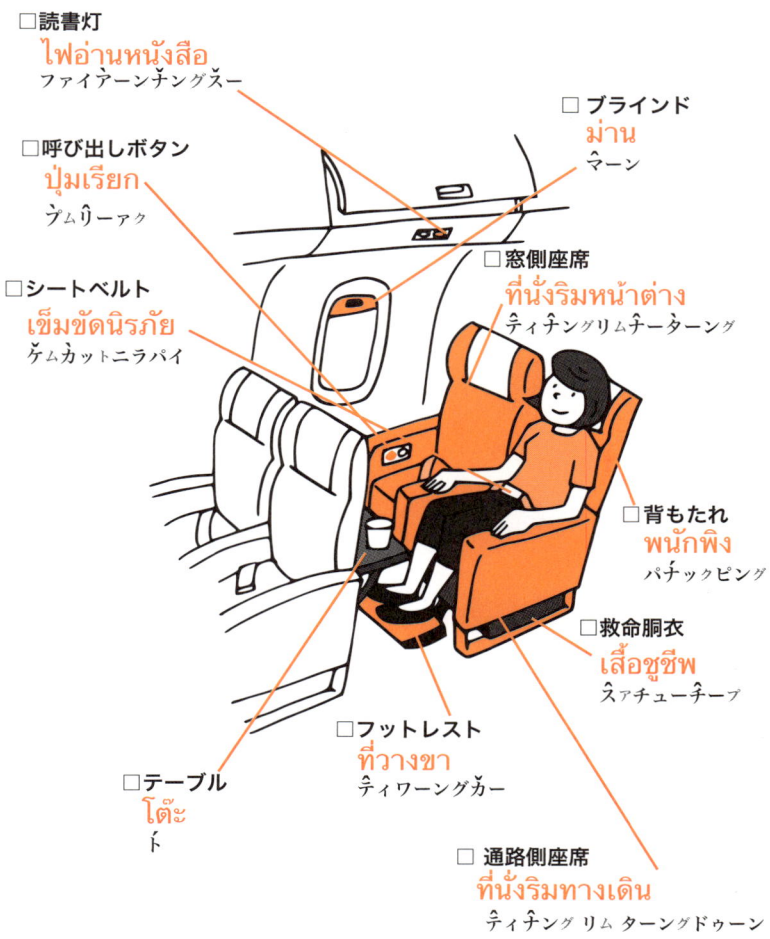

□ 読書灯
ไฟอ่านหนังสือ
ファイアーンナングスー

□ 呼び出しボタン
ปุ่มเรียก
プムリーアク

□ シートベルト
เข็มขัดนิรภัย
ケムカットニラパイ

□ ブラインド
ม่าน
マーン

□ 窓側座席
ที่นั่งริมหน้าต่าง
ティナングリムナーターング

□ 背もたれ
พนักพิง
パナックピング

□ 救命胴衣
เสื้อชูชีพ
スアチューチープ

□ フットレスト
ที่วางขา
ティワーングカー

□ テーブル
โต๊ะ
ト

□ 通路側座席
ที่นั่งริมทางเดิน
ティナング リム ターングドゥーン

機内・空港編 | 宿泊編 | 飲食編 | ショッピング編 | 観光編 | アクティビティ編 | トラブル編

お役立ち単語

- □ 空港 — สนามบิน
  サナームビン
- □ 出発時間 — เวลา ออก เดินทาง
  ウェーラー オーク ドゥーンターング
- □ 到着時間 — เวลา ถึง ที่หมาย
  ウェーラー トゥング ティーマーイ
- □ 現地時間 — เวลา ปลายทาง
  ウェーラー プラーイターング
- □ 定刻 — ตาม เวลา
  ターム ウェーラー
- □ 遅延 — ดีเลย์
  ディーレー
- □ 時差 — เวลา ต่าง
  ウェーラー ターング
- □ チェックインカウンター — เช็คอิน เคาเตอร์
  チェックイン カウントゥアー
- □ 航空券 — ตั๋ว เครื่องบิน
  トゥア クルアングビン
- □ 搭乗券 — บอร์ดดิ้ง พาส
  ボーディング パート
- □ 搭乗口 — ประตู ขึ้น เครื่อง
  プラトゥー クン クルアング
- □ 目的地 — ปลายทาง
  プラーイターング
- □ 便の変更 — เปลี่ยน เที่ยวบิน
  プリャン ティアウビン
- □ 気温 — อุณหภูมิ
  ウンナプーム

36

★ 機内で ★

出入国カードを記入しよう！

飛行機が到着するまでの間に、機内で配布された(出)入国カードを記入する必要があります。ここでは、入国カードを例にとって、ちょっと見てみましょう。

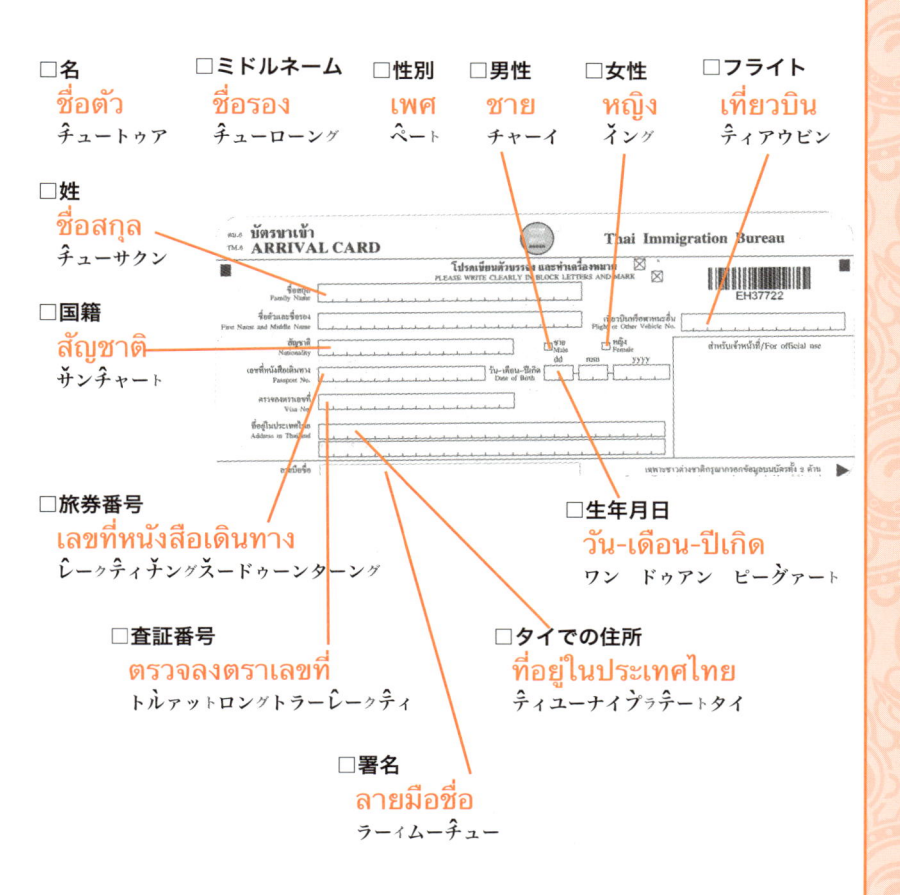

□**名**
ชื่อตัว
チュートゥア

□**ミドルネーム**
ชื่อรอง
チューローング

□**性別**
เพศ
ペート

□**男性**
ชาย
チャーイ

□**女性**
หญิง
イング

□**フライト**
เที่ยวบิน
ティアウビン

□**姓**
ชื่อสกุล
チューサクン

□**国籍**
สัญชาติ
サンチャート

□**旅券番号**
เลขที่หนังสือเดินทาง
レークティナングスードゥーンターング

□**生年月日**
วัน-เดือน-ปีเกิด
ワン ドゥアン ピーガート

□**査証番号**
ตรวจลงตราเลขที่
トルアットロングトラーレークティ

□**タイでの住所**
ที่อยู่ในประเทศไทย
ティユーナイプラテートタイ

□**署名**
ลายมือชื่อ
ラーイムーチュー

到着空港で

入国審査

1 観光で来ました。
มา ท่องเที่ยว
マー トングティアウ

★「何をしにきたのですか（マー タム アライ）」と入国審査官に聞かれた場合

言い換え

会議	**ประชุม**
	プラチュム
仕事	**ทำ ธุรกิจ**
	タム トゥラギット
親族訪問	**เยี่ยม ญาติ**
	イアム ヤート

2 3日間です。
อยู่ 3 วัน
ユー サーム ワン

★「何日滞在しますか（ユー ギー ワン）」と入国審査官に聞かれた場合

言い換え

4日間	**4 วัน**
	シー ワン
1週間	**1 อาทิตย์**
	ヌング アーティット
1カ月	**1 เดือน**
	ヌング ドゥアン

3. デュシタニホテルに滞在します。
พักที่ โรงแรม ดุสิตธานี
パックティ　ローングレェーム　ドゥシットターニー

★「どこ滞在ですか（パッ<u>ク</u>　ティチャイ）」と入国審査官に聞かれた場合

言い換え		
	親戚の家	**บ้าน ญาติ** バーン　ヤート
	友達の家	**บ้าน เพื่อน** バーン　プァン

4. 会社員です。
เป็น พนักงาน บริษัท
ペン　パナックガーン　ボーリサット

★「職業は何ですか（アーチーフ　アライ）」と入国審査官に聞かれた場合

言い換え		
	学生	**นักศึกษา** ナックスックサー
	医者	**แพทย์** ペェート
	教師	**ครู** クルー
	公務員	**ข้าราชการ** カーラーチャガーン
	主婦	**แม่บ้าน** メーバーン
	無職	**ไม่ได้ ทำงาน** マイダイ　タムガーン

荷物の受け取り

5 荷物受け取り所はどこですか。
ที่รับ กระเป๋า อยู่ ที่ไหน
ティラップ グラパウ ユー ティナイ

言い換え

7番ターンテーブル	สายพาน ที่ 7
	サーイパーン ティ チェット
カート	รถ เข็น
	ロット ケン
紛失手荷物の窓口	ศูนย์ รับแจ้ง ของหาย
	スーン ラップチェーング コーングハーイ

ひとくちメモ

◆荷物をなくしたら◆
チェックインカウンターで荷物を預けると、荷物タグを手渡されます。現地で荷物が見つからない場合は、タグの情報をもとに航空会社で荷物の追跡をしてくれます。荷物が見つかった場合は、数日後に指定の場所に配送されます。届くまで時間がかかるため、機内持ち込みの荷物には、貴重品とともに予備の着替えや日用品を入れておくと安心です。

★ 到着空港で ★

紛失手荷物の窓口で

6 紺色のスーツケースです。
กระเป๋า เดินทาง สี น้ำเงิน
グラパウ ドゥーンターング シー ナムグン

★どんなスーツケースですか（グラパウ ドゥーンターング ベープチャイ）」と入国審査官に聞かれた場合

言い換え

銀色の	**สี เงิน** シー グン
黒色の	**สี ดำ** シー ダム
茶色の	**สี น้ำตาล** シー ナムターン
革の	**หนัง** ナング
キャスター付きの	**แบบ มี ล้อลาก** ベープ ミー ローラーク
布製の	**ผ้า** パー
大きな	**ใบ ใหญ่** バイ ヤイ
小さな	**ใบ เล็ก** バイ レック
背負える	**แบบเป้ สะพายหลัง** ベープペー サパーイラング

機内・空港編 / 宿泊編 / 飲食編 / ショッピング編 / 観光編 / アクティビティ編 / トラブル編

| 税関審査 |

7 これは**身の回り品**です。

นี่ เป็น ของใช้ ส่วนตัว
ニー ペン コーングチャイ スゥアントゥア

★「これは何ですか (ニー クー アライ)」と税関職員に聞かれた場合

言い換え	お土産	**ของฝาก** コーングファーク
	サンプル商品	**สินค้า ตัวอย่าง** シンカー トゥアヤーング
	常備薬	**ยา ประจำตัว** ヤー プラチャムトゥア
	化粧品	**เครื่องสำอาง** クルアングサムアーング

8 **お酒を1本**持っています。

มี เหล้า 1 ขวด
ミー ラウ ヌング クァット

★申告する品物について質問された場合

言い換え	香水3本	**น้ำหอม 3 ขวด** ナムホーム サーム クァット
	タバコ1カートン	**บุหรี่ 1 คอตตอน** ブリー ヌング コットン

★ 到着空港で ★

通貨を両替する

9 両替所はどこですか。
ที่แลกเงิน อยู่ ที่ไหน
ティレークグン　ユー　ティナイ

言い換え
銀行	ธนาคาร
	タナカーン

10 バーツにかえてください。
ขอแลก เป็น เงินบาท
コーレーク　ペン　グンバーツ

言い換え
日本円	เยน
	イェン
現金	เงินสด
	グンソット

11 領収書をください。
ขอ ใบเสร็จ ด้วย
コー　バイセット　ドゥアイ

言い換え
細かいお札	แบงค์ ย่อย
	ベェング　ヨイ
両替証明書	ใบยืนยัน การแลกเงิน
	バイユーンヤン　ガーンレークグン

機内・空港編／宿泊編／飲食編／ショッピング編／観光編／アクティビティ編／トラブル編

●空港に関する単語

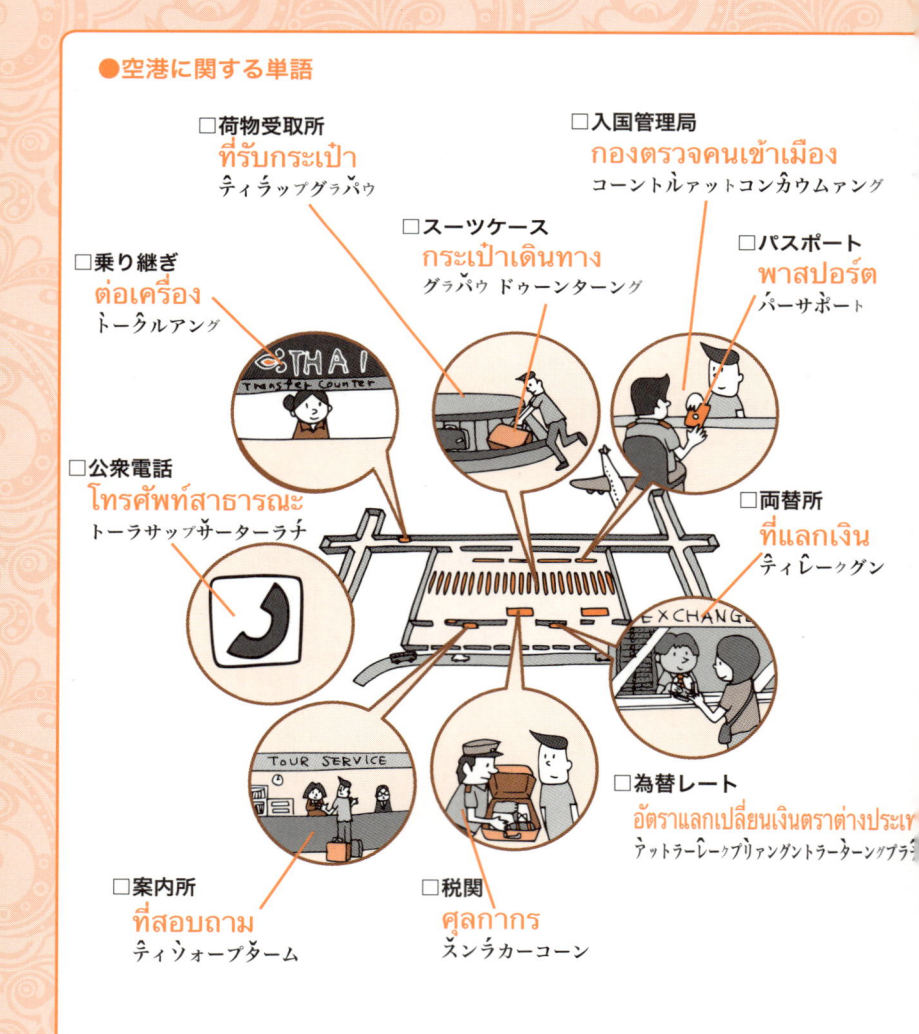

□荷物受取所
ที่รับกระเป๋า
ティラップグラパゥ

□入国管理局
กองตรวจคนเข้าเมือง
コーントルアットコンカウムアング

□スーツケース
กระเป๋าเดินทาง
グラパゥ ドゥーンターング

□パスポート
พาสปอร์ต
パーサポート

□乗り継ぎ
ต่อเครื่อง
トークルアング

□公衆電話
โทรศัพท์สาธารณะ
トーラサップサーターラナ

□両替所
ที่แลกเงิน
ティレークグン

□為替レート
อัตราแลกเปลี่ยนเงินตราต่างประเท
アットラーレークプリャングントラーターングプラ

□案内所
ที่สอบถาม
ティソーブターム

□税関
ศุลกากร
スンラカーコーン

交通機関の優先席

　空港から市内へ移動する手段として、タクシーではなく公共交通機関を選んだ場合、このような標識（ステッカー）を目にするかもしれません。

　高齢者や妊婦さんなど、日本でもおなじみのイラストに加えて、ちょっと見慣れない絵が……。

　実は、仏教国であるタイの電車やバス（長距離）などには、僧侶用の優先席が設けられているのです。僧侶が乗ってきたら、席をゆずりましょう。僧侶の戒律は厳しく、女性に触れてはならないことになっていますので、女性はとくに注意が必要です。僧侶の隣の席が空いていても、体をくっつけて座らないように気をつけましょう。

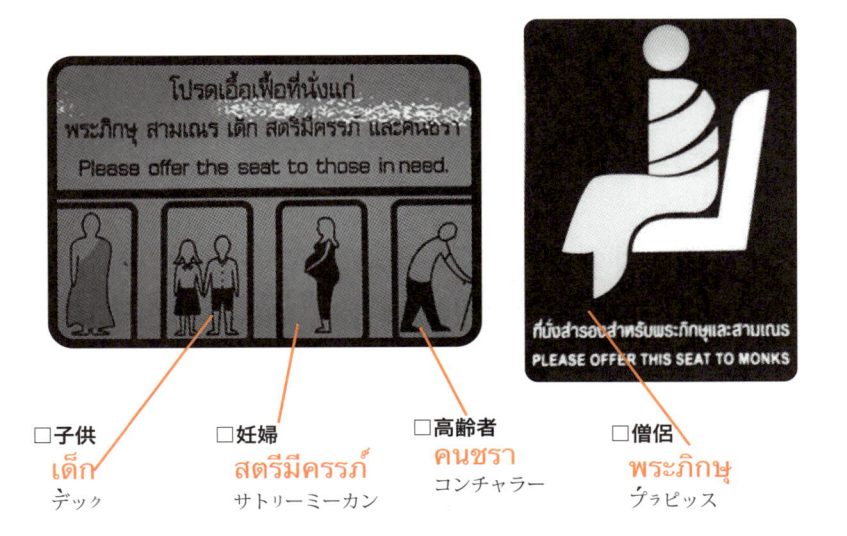

□子供
เด็ก
デック

□妊婦
สตรีมีครรภ์
サトリーミーカン

□高齢者
คนชรา
コンチャラー

□僧侶
พระภิกษุ
プラピッス

空港から市内へ

交通機関の場所を聞く

1 **タクシー乗り場**はどこですか。

ที่ขึ้น รถแท็กซี่ อยู่ ที่ไหน
ティクン ロットテェッグシー ユー ティチャイ

言い換え		
	バス乗り場	ที่ขึ้น รถเมล์ ティクン ロットメー
	リムジン乗り場	ที่ขึ้น รถรีมูซีน ティクン ロットリムシーン
	地下鉄	รถไฟฟ้า ใต้ดิน ロットファイファー タイディン
	エアーポートリンク電車	รถไฟฟ้า แอร์พอร์ตลิ้งค์ ロットファイファー エアポートリング
	切符売り場	ที่ขายตั๋ว ティカーイトゥア

2 **パヤータイ駅**へ行きたいです。

อยาก ไป สถานี พญาไท
ヤーク パイ サターニー パヤータイ

言い換え		
	フアラムポーン駅	สถานี หัวลำโพง サターニー ファラムポーン
	シーロム	สีลม シーロム

46

スクムビット	สุขุมวิท
	スクムウィット
パタヤ	พัทยา
	パッターヤー

タクシーの運転手に頼む

3 トランクを開けてください。

ช่วย เปิด ท้ายรถ หน่อย
チュアイ　ファート　ターイロット　ノイ

言い換え	メーターを押して	กด มิเตอร์
		ゴット　ミトァー
	荷物を入れて	เอา ของ ใส่
		アウ　コーング　サイ
	荷物をおろして	เอา ของ ลง
		アウ　コーング　ロング
	ここに連れて行って	พา ไป ที่นี่
		パー　パイ　ティニィ
	ここに停めて	จอด ที่นี่
		チョート　ティニィ
	急いで	รีบ
		リープ

> 定番フレーズ

🚖 タクシーを使うとき

◎ 渋滞ですか。
รถติด ไหม
ロッティット マイ

◎ どのぐらい時間がかかりますか。
ใช้ เวลา ประมาณ เท่าไร
チャイ ウェーラー プラマーン タゥライ

◎ いくらですか。
เท่าไร
タゥライ

◎ ありがとう。お釣りはとっておいて。
ขอบคุณ ไม่ต้อง ทอน
コープクン マイトング トーン

◎ この住所に行ってください。
ไป ที่ บ้านเลขที่นี้
パイ ティ バーンレークティニィ

ひとくちメモ

◆タイのタクシー事情◆
タイのタクシーは、日本と違って自動ドアではありませんので、利用時は自分でドアの開け閉めをしなければなりません。また、あらかじめ小銭を用意して乗ったほうがよいでしょう。支払いのときに大きな額のお札を出したところ、「小銭がない」と言われてお釣りがもらえなかった…なんてこともありますので。

宿泊 編

ホテルでリラックスする。それも旅の魅力のひとつです。タイではゲストハウスから五つ星のホテルまで、さまざまな宿泊施設があります。旅のプランに合った宿を探し、そのサービスを満喫するために、便利な表現を選びました。

問い合わせ

客室のタイプ

1 **ツインルーム**をお願いします。

ต้องการ ห้อง คู่
トングガーン ホング クー

言い換え		
	シングルルーム	**ห้อง เดี่ยว** ホング ディアウ
	スイートルーム	**ห้อง สวีท** ホング サウィート
	禁煙ルーム	**ห้อง ปลอดบุหรี่** ホング プロートブリー
	喫煙ルーム	**ห้อง ที่ สูบบุหรี่ ได้** ホング ティ スープブリー ダイ
	海が見える部屋	**ห้อง ที่ มองเห็นทะเล** ホング ティ モーングヘン タレー
	（値段が）高くない部屋	**ห้อง ที่ ไม่แพง** ホング ティ マイペーング

50

★ 問い合わせ ★

料金を聞く

2 1泊あたりいくらですか。
คืน ละ เท่าไร
クーン ラ タゥライ

言い換え		
	1人あたり	**คน ละ**
		コン ラ
	前金は	**มัดจำ**
		マット チャム
	1部屋あたり	**ห้องละ**
		ホンg ラ

3 税金込みですか。
รวม ภาษี หรือเปล่า
ルァム パーシー ループラウ

言い換え		
	朝食代	**อาหาร เช้า**
		アーハーン チャーゥ
	サービス料	**ค่า บริการ**
		カー ボリガーン

> ひとくちメモ
>
> ◆宿泊代に含まれるもの・加えられるもの◆
> タイでは、ほとんどのホテルの宿泊代金は朝食代込みとなっています。朝食を、屋台などホテルの外でとりたい場合は、予約する際に朝食込みかどうかを確認した方がよいでしょう。また、宿泊代金にはサービス料と税金が加算されます。支払い時に確認しましょう。

機内・空港編 / 宿泊編 / 飲食編 / ショッピング編 / 観光編 / アクティビティ編 / トラブル編

施設の有無を聞く

4 **テニスコート**はありますか。
มี สนาม เทนนิส ไหม
ミー サナーム テンニット マイ

言い換え		
プール	**สระ ว่ายน้ำ**	サ ウーイナーム
フィットネス	**ฟิตเนส**	フィットネット
ビジネスセンター	**ศูนย์ ธุรกิจ**	スーン トゥラギット
スパ	**สปา**	サパー
タイ式マッサージ	**นวด แผนไทย**	ヌアット ペーンタイ
お土産屋	**ร้าน ขายของฝาก**	ラーン カーイコーングファーク
タイ料理屋	**ร้าน อาหาร ไทย**	ラーン アーハーン タイ
カラオケ	**คาราโอเกะ**	カラオケ
バー	**บาร์**	バー
ナイトクラブ	**ไนท์คลับ**	ナイクラップ

★ 問い合わせ ★

● ホテルロビーの単語

□ ドアマン
พนักงานเปิดประตู
パナックガーンプートプラトゥ

□ ロビー
ล็อบบี้
ロップビー

□ リセプショニスト
พนักงานต้อนรับ
パナックガーントーンラップ

□ キャッシャー
แคชเชียร์
キャットシア

□ 電話
โทรศัพท์
トーラサップ

□ ベルボーイ
พนักงานยกของ
パナックガーンヨックゴーング

□ ルームキーピングスタッフ
แม่บ้าน ทำ ความสะอาด
メーバーンタムクワーンサアート

機内・空港編

宿泊編

飲食編

ショッピング編

観光編

アクティビティ編

トラブル編

53

フロントで

希望を伝える

1 チェックインしたいのですが。

อยาก จะ เช็คอิน
ヤーク チャ チェックイン

言い換え	チェックアウトし	**เช็คเอ๊าท์** チェックアウ
	部屋を予約し	**จอง ห้องพัก** チョーング ホングパック
	キャンセルし	**ยกเลิก** ヨックルーク
	ファクスを送り	**ส่ง แฟกซ์** ソング フェック
	はがきを送り	**ส่ง ไปรษณียบัตร** ソング プライサニーヤバット
	部屋を変え	**เปลี่ยน ห้อง** プリァン ホング
	現金で払い	**ชำระ ด้วย เงินสด** チャムラ ドゥアイ グンソット
	カードで支払い	**ชำระ ด้วย บัตรเครดิต** チャムラ ドゥアイ バットクレーディット
	1泊延泊し	**พัก ต่อ หนึ่ง คืน** パックトー ヌング クーン

★ フロントで ★

カギを預け	ฝาก กุญแจ	
	ファーク グンチェー	
貴重品を預け	ฝาก ของมีค่า	
	ファーク コーングミーカー	
タクシーを呼び	เรียก รถแท็กซี่	
	リァック ロットチェックシー	

2 カギをください。

ขอ กุญแจ
コー　グンチェー

言い換え

追加ベッド	เตียงเสริม	
	ティアング スァーム	
地図	แผนที่	
	ペェーンティ	
領収書	ใบเสร็จ รับเงิน	
	バイセット ラップグン	
ホテルの名刺	นามบัตร โรงแรม	
	ナームバット ローングレーム	
インターネットのID	ไอดี อินเตอร์เน็ต	
	アイディ イントァーネット	
インターネットのパスワード	พาสเวิร์ด อินเตอร์เน็ต	
	パースウァート イントァーネット	

機内・空港編　宿泊編　飲食編　ショッピング編　観光編　アクティビティ編　トラブル編

館内設備の場所を聞く

3 エレベーター はどこですか。
ลิฟท์ อยู่ ที่ไหน
リップ ユー ティナィ

言い換え	ロビー	**ล็อบบี้** ロップビー
	化粧室	**ห้องน้ำ** ホングチーム
	非常口	**ทางออก ฉุกเฉิน** ターングオーク チュックチューン
	エスカレーター	**บันได เลื่อน** バンダイ ルアン
	階段	**บันได** バンダイ
	レセプション	**รีเซฟชั่น** リセップシャン
	コーヒーショップ	**คอฟฟี่ ช็อป** コッフィー ショップ
	レストラン	**ร้าน อาหาร** ラーン アーハーン

お役立ち単語

- ☐ 満室
  ห้องเต็ม
  ホンɢテム

- ☐ 空室あり
  มี ห้องว่าง
  ミー ホンɢウーンɢ

- ☐ 予約
  จอง
  チョーンɢ

- ☐ 前金
  มัดจำ
  マットチャム

- ☐ 料金
  ราคา
  ラーカー

- ☐ 朝食込み
  รวม อาหาร เช้า
  ルアム アーハーン チャーゥ

- ☐ 朝食無し
  ไม่รวม อาหาร เช้า
  マィルアム アーハーン チャーゥ

- ☐ カードキー
  คีย์ การ์ด
  キーカート

- ☐ 部屋番号
  เบอร์ ห้อง
  ブァー ホンɢ

- ☐ 外線電話
  โทร สายนอก
  トー サーィノーク

- ☐ 内線電話
  โทร สายใน
  トー サーィナイ

- ☐ 国際電話
  โทร ทางไกล
  トー ターンɢグライ

- ☐ 伝言
  ฝาก ข้อความ
  ファーク コー クワーム

- ☐ 昼食
  อาหาร กลางวัน
  アーハーン グラーンɢワン

- ☐ 夕食
  อาหาร เย็น
  アーハーン イェン

部屋で

使いたいと伝える

1 **ヘアードライヤー**を使いたいのですが。

อยาก จะ ใช้ ที่เป่าผม
ヤーク チャ チャイ ティパウポム

言い換え	アイロン	เตารีด タウリート
	湯沸しポット	กา น้ำร้อน ガー ナムローン
	変圧器	เครื่อง แปลงไฟ クルアング プレーングファイ
	インターネット	อินเตอร์เน็ต イントァーネット
	無線インターネット	อินเตอร์เน็ต ไร้สาย イントァーネット ライサーイ

欲しいと伝える

2 **枕**の追加をください。

ขอ หมอน เพิ่ม
コー モーン プァーム

言い換え	毛布	ผ้า ห่ม パー ホム
	タオル	ผ้า ขนหนู パー コンヌー

★ 部屋で ★

3 シャンプーをください。

ขอ แชมพู หน่อย
コー チェムプー ノイ

言い換え

リンス	**ครีม นวดผม**	クリーム ヌアットポム
マッチ	**ไม้ขีด**	マーイキート
便せん	**กระดาษ เขียน จดหมาย**	グラダート キアン チョットマーイ
封筒	**ซอง จดหมาย**	ソーング チョットマーイ

用事を頼む

4 ドライクリーニングをお願いします。

ช่วย ซักแห้ง หน่อย
チュアイ サックヘーング ノイ

言い換え

清掃	**ทำ ความสะอาด**	タム クワームサアート
6時のモーニングコール	**มอร์นิ่งคอล ตอน หก โมง**	モーニングコール トーン ホック モーング
7時半のモーニングコール	**มอร์นิ่งคอล ตอน เจ็ด โมง ครึ่ง**	モーニングコール トーン チェット モーング クルング

★時間の言い方は 22-23 ページを参照してください。

朝ごはん

タイ朝食を注文する

1 **タイ風オムレツ**をお願いします。

ขอ ไข่เจียว หมูสับ
コー　カイチャアウ　ムーサップ

言い換え	とろとろのお粥	**โจ๊ก** チョーク
	お粥	**ข้าว ต้ม** カーウ　トム
	ライス	**ข้าว สวย** カーウ　スゥアイ
	チャーハン	**ข้าว ผัด** カーウ　パット
	揚げパン	**ปลาท่องโก๋** プラートングコー
	ゆで卵	**ไข่ ต้ม** カイ　トム
	タイ風焼きそば	**ผัดไทย** パッタイ
	野菜炒め	**ผัดผัก** パッパック
	果物	**ผลไม้** ポンラマーイ

★ 朝ごはん ★

アメリカンブレックファストを注文する

2 **目玉焼き**をお願いします。

ขอ ไข่ดาว
コー カイダーゥ

言い換え

パン	ขนมปัง
	カノムパング
ジャム	แยม
	イェーム
バター	เนย
	ヌァーイ
牛乳	นม
	ノム
コーンフレーク	คอร์นแฟล็ก
	コーンフレェック
ヨーグルト	โยเกิร์ต
	ヨーグート
果物ジュース	น้ำ ผลไม้
	ナーム ポンラマーイ

ひとくちメモ

◆タイの朝食◆
タイ人は朝食に、お粥と「プラートングコー」という揚げパンをよく食べます。お粥には米の形が残っているタイプの「カウトム」というものと、米の形が残っていないとろとろタイプの「チョーク」があります。挽き肉などが入っていて、どちらもタイ人に人気です。揚げパンは、バターやジャムではなくコンデンスミルクをつけて食べます。

定番フレーズ

◎ 日本語が話せる人はいますか。
มี คนที่พูด ภาษาญี่ปุ่น ได้ไหม
ミー　コンティプート　パーサーイープン　ダイマイ

◎ 予約しておいた山田です。
จองไว้ ในนาม ยามาดะ
チョーングウィ　ナイナーム　ヤマダ

◎ 空いている部屋はありますか。
มี ห้องว่าง ไหม
ミー　ホングワーング　マイ

◎ 2泊したいです。
อยากพัก 2 คืน
ヤークパック　ソーング　クーン

◎ すぐチェックインできますか。
เช็คอิน ได้เลย ไหม
チェックイン　ダイルーイ　マイ

◎ チェックインは何時ですか。
เวลา เช็คอิน กี่โมง
ウェーラー　チェックイン　ギーモーング

◎ チェックアウトは何時ですか。
เวลา เช็คเอาท์ กี่โมง
ウェーラー　チェックアウト　ギーモーング

◎ ここの近くにコンビニはありますか。
ใกล้ๆ ที่นี่ มี ร้านสะดวกซื้อ ไหม
グライグライ　ティニー　ミー　ラーンサドゥアクスー　マイ

◎ 荷物を預けておいてもいいですか。
ฝากของ ไว้ ได้ไหม
ファークゴーング　ウィ　ダイマイ

◎ 預けておいた荷物を受け取りたいです。
ต้องการ ของที่ ฝากไว้ คืน
トングガーン　ゴーングティ　ファークウィ　クーン

★ 朝ごはん ★

● ホテルの部屋の単語

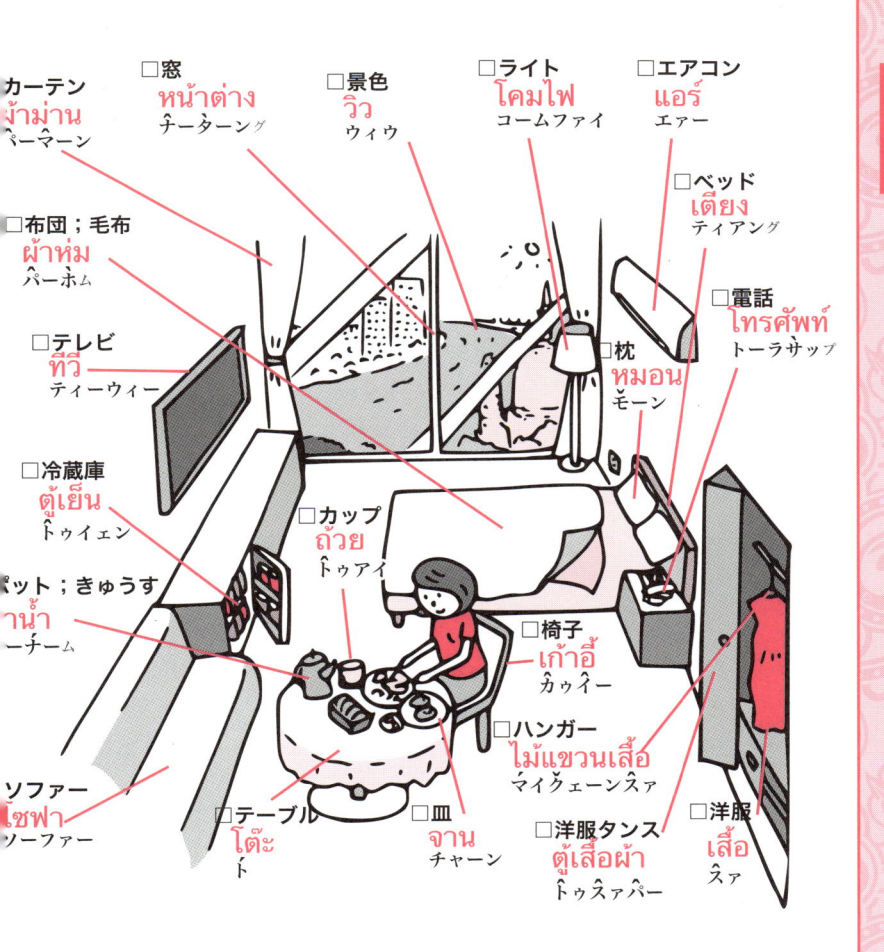

カーテン
ม่าน
ムーマーン

□窓
หน้าต่าง
ナーターング

□景色
วิว
ウィウ

□ライト
โคมไฟ
コームファイ

□エアコン
แอร์
エアー

□ベッド
เตียง
ティアング

□布団；毛布
ผ้าห่ม
パーホム

□テレビ
ทีวี
ティーウィー

□枕
หมอน
モーン

□電話
โทรศัพท์
トーラサップ

□冷蔵庫
ตู้เย็น
トゥイエン

ポット；きゅうす
กาน้ำ
ガーナーム

□カップ
ถ้วย
トゥアイ

□椅子
เก้าอี้
カウイー

□ハンガー
ไม้แขวนเสื้อ
マイクウェーンスア

ソファー
โซฟา
ソーファー

□テーブル
โต๊ะ
ト

□皿
จาน
チャーン

□洋服タンス
ตู้เสื้อผ้า
トゥスアパー

□洋服
เสื้อ
スア

機内・空港編

宿泊編

飲食編

ショッピング編

観光編

アクティビティ編

トラブル編

63

トラブル

故障している

1 電話が壊れています。
โทรศัพท์ เสีย
トーラサップ シア

言い換え

テレビ	**โทรทัศน์**
	トーラタット
エアコン	**แอร์**
	エァー
鍵	**กุญแจ**
	グンチェー
セーフティボックス	**ตู้นิรภัย**
	トゥニラパイ
冷蔵庫	**ตู้เย็น**
	トゥイェン
ラジオ	**วิทยุ**
	ウィタユ
目覚まし時計	**นาฬิกา ปลุก**
	ナーリガー プルック

定番フレーズ

困ったときに使う

◎ お湯が出ません。
น้ำ ไม่ร้อน
チーム マイローン

◎ トイレが流れません。
ส้วม ตัน
スァム タン

◎ 寒すぎます。
หนาว เกินไป
ナーウ グーンパイ

◎ 部屋がタバコ臭いです。
ห้อง เหม็น บุหรี่
ホング メン ブリー

◎ 鍵を部屋の中に置いてきました。
ลืม กุญแจ ไว้ ในห้อง
ルーム グンチェー ワイ ナイホング

◎ ドアが開きません。
เปิด ประตู ไม่ได้
プァート プラトゥー マイダイ

◎ 水が出ません。
น้ำ ไม่ไหล
チーム マイライ

◎ 暑すぎます。
ร้อน เกินไป
ローン グーンパイ

◎ 電球が切れています。
หลอดไฟ ขาด
ロートファイ カート

◎ インターネットがつながりません。
ต่อ อินเตอร์เน็ต ไม่ได้
トー イントァーネット マイダイ

◎ 鍵をなくしました。
ทำ กุญแจ หาย
タム グンチェー ハーイ

●バスルーム内の単語

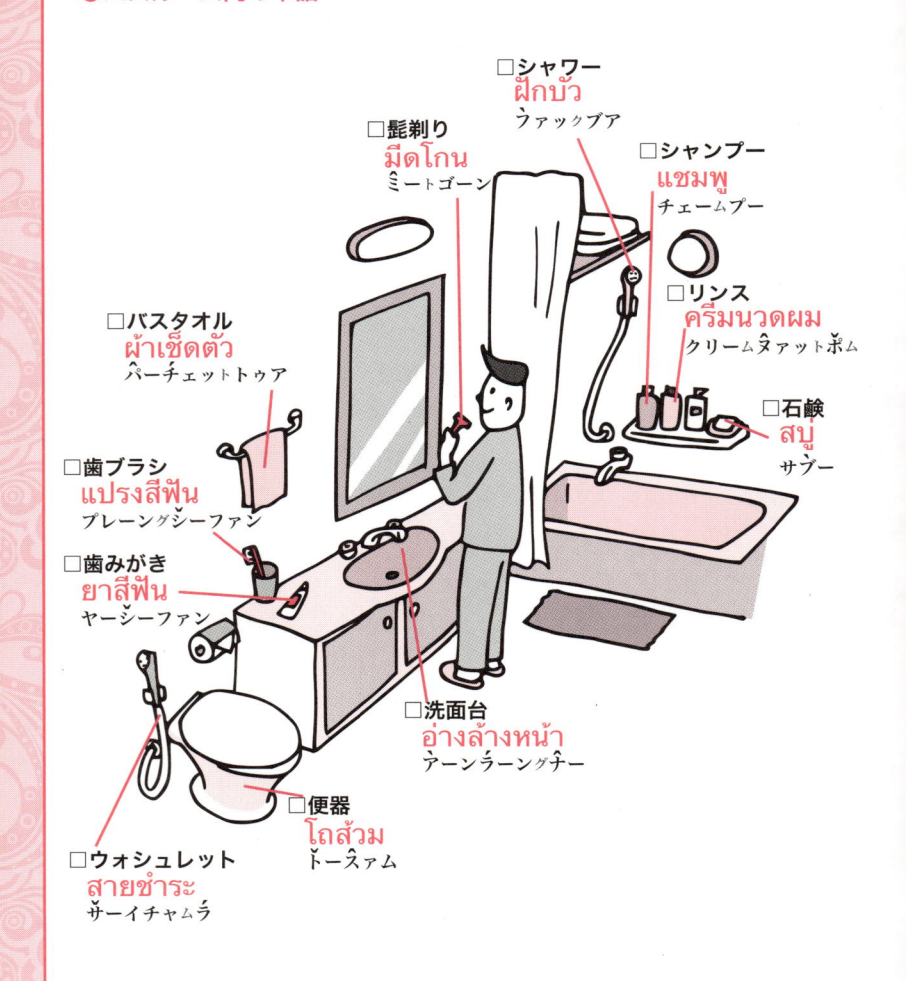

- □ シャワー
  ฝักบัว
  ファックブア

- □ 髭剃り
  มีดโกน
  ミートゴーン

- □ シャンプー
  แชมพู
  チェームプー

- □ バスタオル
  ผ้าเช็ดตัว
  パーチェットトゥア

- □ リンス
  ครีมนวดผม
  クリームヌアットポム

- □ 石鹸
  สบู่
  サブー

- □ 歯ブラシ
  แปรงสีฟัน
  プレーングシーファン

- □ 歯みがき
  ยาสีฟัน
  ヤーシーファン

- □ 洗面台
  อ่างล้างหน้า
  アーンラーングナー

- □ 便器
  โถส้วม
  トースアム

- □ ウォシュレット
  สายชำระ
  サーイチャムラ

飲食 編

「食は文化である」という言葉どおりに、多民族が住んでいるタイでは地域ごとにいろいろな料理が楽しめます。マイルドで脂っこい北部料理、和え物やココナッツミルクを使った品が多い中部料理、辛みと塩味と酸味が強い東北料理へ魚介類を多く使っている南部料理。それらにはそれぞれ個性があり、独特のスパイスで織りなす複雑な味は、多くの旅行客を魅了してきました。このコーナーのフレーズや単語を上手に活用して、本場のグルメを満喫してください。

店を探す

店を探す

1. この周辺に**タイ料理のレストラン**はありますか。

แถวนี้ มี ร้านอาหารไทย ไหม
テゥニー ミー ラーンアーハーンタイ マイ

タイ東北部料理のレストラン	**ร้านอาหาร อีสาน**
	ラーンアーハーン イーサーン
日本料理のレストラン	**ร้านอาหาร ญี่ปุ่น**
	ラーンアーハーン イープン
イタリア料理のレストラン	**ร้านอาหาร อิตาลี**
	ラーンアーハーン イタリー
中華料理のレストラン	**ร้านอาหาร จีน**
	ラーンアーハーン チーン
韓国料理のレストラン	**ร้านอาหาร เกาหลี**
	ラーンアーハーン カゥリー
フランス料理のレストラン	**ร้านอาหาร ฝรั่งเศส**
	ラーンアーハーン ファランセート
シーフード料理のレストラン	**ร้านซีฟู้ด**
	ラーンシーフート
タイスキのレストラン	**ร้านสุกี้**
	ラーンスキー
お勧めのレストラン	**ร้านอาหาร แนะนำ**
	ラーンアーハーン ネェナム

★ 店を探す ★

2 **あまり高くないレストラン**を探しています。
กำลัง หา ร้านอาหาร ที่ ไม่แพง
ガムラング ハー ラーンアーハーン ティ マイペーング

言い換え

コーヒーショップ	ร้าน กาแฟ ラーン ガーフェー
ケーキ屋	ร้าน เค้ก ラーン ケーク
ファストフード	ร้าน ฟาสต์ฟู้ด ラーン ファートフート
麺屋	ร้าน ก๋วยเตี๋ยว ラーン グェティアウ
郷土料理屋	ร้าน อาหาร ท้องถิ่น ラーン アーハーン トーングティン
川辺のレストラン	ร้าน อาหาร ริมน้ำ ラーン アーハーン リムナーム
ブッフェレストラン	ร้าน บุฟเฟต์ ラーン ブッフェー
パン屋	ร้าน เบเกอรี่ ラーン ベーガリー
フードセンター	ศูนย์ อาหาร スーン アーハーン

ひとくちメモ

◆**タイで人気のレストラン**◆
タイには川辺のレストランがたくさんあります。広いテラスに設置されたテーブルは、開放的で涼しく、夕暮れには沈む太陽を眺めながらゆっくりと食事ができます。人気スポットはやはり「暁の寺院」が見えるレストランです。通勤帰りに船を利用する人々の生活も見られます。但し、暗くなると蚊が出るので、テラスで食事をするときはあらかじめ虫除けを塗っていきましょう。

レストランで

席のリクエストをする

Track 41

1 禁煙のテーブルをください。

ขอ โต๊ะที่ ไม่สูบ บุหรี่
ขǒー トティ マ́イスーブ ブリー

言い換え	喫煙	**สูบบุหรี่** スーブブリー
	奥	**อยู่ข้างใน** ユーカ̂ーングナイ
	4人がけ	**สำหรับ 4 คน** サ̌ムラップ シー コン
	窓際	**ริม หน้าต่าง** リム ナ̂ータ̀ーング
	川辺	**ริม แม่น้ำ** リム メ̂ーナーム

ひとくちメモ

◆タイ喫煙事情◆
近年、タイでは禁煙運動が盛んになってきています。冷房つきのレストラン、ファストフードやコーヒーショップなどは、法律で「完全禁煙区域」と定められています。違反者は 2,000 バーツ以下の罰金、喫煙が行われた店の営業者らは 20,000 バーツ以下の罰金が科されます。たばこは必ず喫煙所のある場所で吸いましょう。

メニューを頼む

2 メニューをください。

ขอ เมนู
ขǒー メーヌー

言い換え

日本語のメニュー	เมนู ภาษาญี่ปุ่น メーヌー パーサーイーブン
飲み物のメニュー	เมนู เครื่องดื่ม メーヌー クルアングドゥーム
ランチのメニュー	เมนู อาหาร กลางวัน メーヌー アーハーン グラーングワン
セットメニュー	เมนู อาหาร ชุด メーヌー アーハーン チュット
子供用のメニュー	เมนู สำหรับ เด็ก メーヌー サムラップ デック
デザートのメニュー	เมนู ของหวาน メーヌー コーングワーン
カクテルのメニュー	เมนู ค็อกเทล メーヌー コックテーゥ
英語のメニュー	เมนู ภาษาอังกฤษ メーヌー パーサーアングリット
写真つきのメニュー	เมนู ที่มีรูป メーヌー ティーミーループ

飲み物を頼む

3 **水**をください。
ขอ น้ำ เปล่า
ขǒー　チム　プラーゥ

![言い換え]	オレンジジュース	**น้ำส้ม**
		チムソ̂ム
	ココナッツジュース	**น้ำมะพร้าว**
		チム　マ́プラーゥ
	パイナップルジュース	**น้ำ สับปะรด**
		チム　サッパロ́ット
	ライムジュース	**น้ำ มะนาว**
		チム　マ́ナーゥ
	スイカシェーク	**น้ำ แตงโมปั่น**
		チム　テーングモーパ̀ン
	氷	**น้ำ แข็ง**
		チム　ケ̌ング
	コカコーラ	**โค้ก**
		コ́ーク
	ビール	**เบียร์**
		ビア
	ホットコーヒー	**กาแฟ ร้อน**
		カーフェー　ロ́ーン
	アイスコーヒー	**กาแฟ เย็น**
		カーフェー　イェン

ホットティー	ชา ร้อน
	チャー ローン
アイスティー	ชา เย็น
	チャー イェン

4 辛子を入れないでください。
ไม่ใส่ พริก
マイサイ プリック

言い換え

パクチー	ผักชี
	パックチー
にんにく	กระเทียม
	グラティアム
化学調味料	ผงชูรส
	ポングチューロット
氷	น้ำแข็ง
	ナムケング

ひとくちメモ

◆タイで人気の飲み物◆
タイでフルーツジュースを注文すると、「シェイクしますか（パン マイ）」と聞かれることがあります。「シェイクする」は「パン」といいます。ミキサーでフルーツと氷で作った冷たいシェイクは人気の高い飲み物です。とくにスイカシェイクがおすすめです。また、タイではビールに氷を入れて飲む習慣があります。ビールに氷を入れると苦みが薄れてちょうど良くなると考えられているからです。

スープを頼む

5 トムヤムクンがいいです。
เอา ต้มยำกุ้ง
アゥ　トムヤムクﾝグ

春雨スープ	ต้ม จืด วุ้นเส้น
	トム チュート ウンセﾝ
ひき肉入り豆腐のスープ	แกงจืด เต้าหู้หมูสับ
	ゲーングチュート タゥラームーサップ
ゴーヤの肉詰めスープ	แกงจืด มะระ
	ゲーングチュート マラ
グリーンカレー	แกง เขียวหวาน
	ゲーング キャゥワーン
レッドカレー	แกง เผ็ด
	ゲーング ペット
竹の子入りレッドカレー	แกงเผ็ด หน่อไม้
	ゲーングペット ノーマーイ
インド風マッサマンカレー	แกง มัสมั่น
	ゲーング マッサマﾝ
ハーブ入り野菜スープ	แกง เลียง
	ゲーング リアング
魚と野菜の酸味スープ	แกง ส้ม
	ゲーング ソム
鶏肉のココナッツミルク煮	ต้ม ข่า ไก่
	トム カー ガイ
火鍋のトムヤムスープ	ต้มยำ หม้อไฟ
	トムヤム モーファイ

★ レストランで ★

魚の浮き袋スープ	กระเพาะปลา
	カポプラー
ピリ辛魚内臓スープ	แกง ไตปลา
	ゲーング　タイプラー
タイ地方のなまずカレー	แกงป่า ปลาดุก
	ゲーングパー　プラードゥック
きのこのクリームスープ	ซุป ครีมเห็ด
	スップ　クリームヘット
コーンスープ	ซุป ข้าวโพด
	スップ　カーウポート
野菜と椎茸のスープ	ซุป ผักใส่เห็ดหอม
	スップ　パックサイヘットホーム
野菜の煮込みスープ	ต้มจับฉ่าย
	トムチャップチャーイ
烏骨鶏の漢方スープ	ไก่ดำ ตุ๋นยาจีน
	ガイダム　トゥンヤーチーン
燕の巣のスープ	ซุป รังนก
	スップ　ラングノック
ふかひれスープ	ซุป หูฉลาม
	スップ　フーチャラーム

ひとくちメモ

◆タイのスープ料理◆
タイのスープ料理には、絶妙な酸味と辛味が特徴で魚介類がたくさん入ったトムヤムスープ（トムヤム）や、チキンの出汁などで作った薄味のスープ（ゲーングチュート）、ココナッツミルクで作ったカレー（ゲーングガリー）や、外国から入ってきたスープ（スップ）があります。ちなみに日本の味噌汁は「スップミソ」と呼ばれています。

機内・空港編　宿泊編　飲食編　ショッピング編　観光編　アクティビティ編　トラブル編

ご飯類を頼む

6 エビ炒飯がいいです。

เอา ข้าวผัด กุ้ง
アゥ カーゥパット クング

言い換え

豚肉炒飯	ข้าวผัด หมู
	カーゥパット ムー
カニ炒飯	ข้าวผัด ปู
	カーゥパット プー
シーフード炒飯	ข้าวผัด ทะเล
	カーゥパット タレー
パイナップル炒飯	ข้าวผัด สัปปะรด
	カーゥパット サッパロット
トムヤム風味炒飯	ข้าวผัด ต้มยำ
	カーゥパット トムヤム
洋風炒飯	ข้าวผัด อเมริกัน
	カーゥパット アメーリガン
ガーリックライス	ข้าวผัด กระเทียม
	カーゥパット グラティアム
玉子入りえび炒飯	ข้าวผัด กุ้งใส่ไข่
	カーゥパット クングサイカイ
蒸し鶏ご飯	ข้าว มันไก่
	カーゥ マンガイ
アヒルのスパイス煮かけご飯	ข้าว หน้าเป็ด
	カーゥ チーペット
豚足煮込みご飯	ข้าว ขาหมู
	カーゥ カームー

★ レストランで ★

鶏肉のバジル炒めご飯	ข้าว กระเพราไก่ カーウ グラパゥガイ
豚肉のにんにく炒めご飯	ข้าว หมูกระเทียม カーウ ムーグラティアム
エビペースト炒飯	ข้าว คลุกกะปิ カーウ クルックガピ
赤豚チャーシューご飯	ข้าว หมูแดง カーウ ムーデーング
中華ソーセージご飯	ข้าวอบ กุนเชียง カーウオップ グンチィアン
ライス	ข้าว สวย カーウ スゥァイ
もち米	ข้าว เหนียว カーウ ニャゥ
お粥	ข้าว ต้ม カーウ トム
五目粥	ข้าวต้ม ทรงเครื่อง カーウトム ソングクルァング
ちまき	บ๊ะจ่าง バチャーング

機内・空港編 / 宿泊編 / 飲食編 / ショッピング編 / 観光編 / アクティビティ編 / トラブル編

ひとくちメモ

◆タイの炒飯◆
タイの代表的な炒飯のひとつは、パイナップル炒飯です。炒飯の中に、甘くて香ばしい炒めたパイナップルが入っています。ほとんどの店では、パイナップルやエビやカニなどの具を、お好みで炒飯に入れてもらえます。好きな食材があれば、注文してみましょう。

一品料理を頼む

7 空芯菜炒めをください。
ขอ ผัดผักบุ้ง
ชɔ̌ː　パットパックブ́ング

言い換え

野菜炒め合わせ	ผัดผัก รวมมิตร
	パットパック　ルアムミ́ット
パッカチェードの炒め	ผัดผัก กระเฉด
	パットパック　グラチェート
苦瓜のツル炒め	ผัดยอด มะระ
	パットヨ̂ート　マ́ラ
カナー菜カリカリ豚肉炒め	ผักคะน้า หมูกรอบ
	パックカナー　ムーグロープ
豚肉の生姜炒め	หมูผัด พริกขิง
	ムーパット　プリックキ́ング
豚肉のにんにく揚げ	หมู กระเทียม
	ムー　グラティアム
白身魚のライム蒸し	ปลา นึ่งมะนาว
	プラー　ヌ̂ングマナーウ
カニと卵のカレー炒め	ปูผัด ผงกะหรี่
	プーパット　ポ̌ングガリー
魚のカレーソースかけ	ฉู่ฉี่ปลา
	チューチ̀ープラー
魚のすり身さつま揚げ	ทอดมันปลา
	ト̂ートマンプラー
エビのすり身トースト	ขนมปัง หน้ากุ้ง
	カノ̌ムパング　ナ̂ークング

春巻き	เปาะเปี๊ยะ	ポピァ
タイ風焼き鳥	ไก่ย่าง	ガィヤーング
豚挽き肉入りオムレツ	ไข่เจียว หมูสับ	カィチァウ ムーサップ
揚げ卵の甘酢あんかけ	ไข่ลูกเขย	カィ ルーククァーイ
アヒルのチャーシュー	เป็ดพะโล้	ペット パロー
豚トロの炙り焼き	คอหมูย่าง	コームーヤーング
牛肉のカレーソース炒め	แพนงเนื้อ	パネーングヌァ
点心	ติ่มซำ	ティムサム
豚の串焼き	หมูสะเต๊ะ	ムーサテ
スペアリブの蜂蜜蒸し	ซี่โครงหมู อบน้ำผึ้ง	シークローングムー オップナムプング

ひとくちメモ

◆シーフードを頼むなら◆

タイには多くのシーフードレストランがあります。日本人に人気のメニューは、「蟹と卵のカレー炒め(プーパット ポングガリー)」です。魚介類の料理は、一皿単位で値段が決められる場合と、素材(魚介類)の重さ(大きさ)で決まる場合があります。メニューの値段表記がよく分からない場合は、注文する前に値段の設定基準を確認してから注文するとよいでしょう。

タイ風サラダを頼む

8 春雨サラダをください。

ขอ ยำ วุ้นเส้น
コー ヤム ウンセン

言い換え

シーフードサラダ	ยำ ทะเล ヤム タレー
ミックスサラダ	ยำ รวมมิตร ヤム ルァムミット
牛肉サラダ	ยำ เนื้อ ヤム ヌァ
なすのサラダ	ยำ มะเขือ ヤム マクァ
イカのサラダ	ยำ ปลาหมึก ヤム プラームック
タイ風生ソーセージのサラダ	ยำ แหนม ヤム ネーム
なまずのカリカリ揚げサラダ	ยำ ปลาดุกฟู ヤム プラードゥックフー
ピータンサラダ	ยำ ไข่เยี่ยวม้า ヤム カィイァウマー
揚げ魚のスパイシーサラダ	ยำ ปลากรอบ ヤム プラーグロープ
ピリ辛豚肉の和え物	หมู น้ำตก ムー ナムトック

Jリサーチ出版

各国語
你好　안녕하세요　Bonjour　¡Hola　Ciao
出版案内

ホームページ http://www.jresearch.co.jp
ツイッター　公式アカウント @Jresearch_
　　　　　　https://twitter.com/Jresearch_

〒166-0002　東京都杉並区高円寺北2-29-14-705
TEL.03-6808-8801／FAX.03-5364-5310（代）
TEL.03-6808-8806／FAX.03-3223-3455（編集）

(2015年3月1日現在)

中国語 漢語

ゼロからスタートシリーズ

だれでも覚えられるゼッタイ基礎ボキャブラリー
ゼロからスタート中国語単語BASIC1400 **CD2枚付** 【単語】

王 丹 著　Ａ５変型／1600円（税抜）

中国語の基礎になる1400語を生活でよく使う例文とともに覚えられる1冊。基本的な動詞・助動詞・副詞・形容詞をはじめ、家・旅行・ファッション・食事・ビジネスなどの生活法がバランスよく身につく。四声、ピンイン、語順、基礎文法も紹介。
ＣＤ：発音　項目名（日本語）→発音（中国語）
各章　項目名（日本語）→単語（中国語）→意味（日本語）→例文（中国語）

だれにでもわかる文法と発音の基本ルール
新 ゼロからスタート中国語文法編 **CD付** 【文法】

王 丹 著　Ａ５判／1200円（税抜）

中国語の基本を身につけるビギナーにぴったりの1冊。初学者必須の「発音」と「文法」の両方がマスターできる。書き込むスタイルのエクササイズが用意されていて、文法知識を定着させながら、「簡体字」も覚えることができる。ＣＤで発音とリスニングの練習ができるほか、単語力強化にも役立つ。中国語検定4級に対応。
ＣＤ：発音編　中国語の母音・子音、発音練習（中国語）
文法編　例文（中国語）、単語（中国語・日本語）

だれでも話せる基本フレーズ20とミニ会話24
ゼロからスタート中国語会話編 **CD付** 【会話】

郭 海燕・王 丹 共著　Ａ５判／1400円（税抜）

中国語を学び始める人のための会話入門書。会話の基礎になる20のキーフレーズに単語を入れ替えて、繰り返し話す練習でだれでも自然に身につけられる。後半では、日常生活や旅行で使えるリアルな会話を練習。「文法コーナー」や「中国の小知識」のコラムも充実。
ＣＤ：発音　項目名（日本語）→発音（中国語）
会話　項目名（日本語）→フレーズ・例文（中国語）

初級から中級にステップアップする34の文法のルール
ゼロからスタート中国語文法応用編 **CD付** 【文法】

郭 海燕・王 丹 共著　Ａ５判／1400円（税抜）

『ゼロからスタート中国語　文法編』の続編。初級から中級へステップアップをはかるための1冊。34の文法公式で基礎を固める。文法用語にふりがな、中国語例文にカタカナ付。書いて覚える練習問題で、漢字も自然に身につけられる。
ＣＤ：発音　項目名（日本語）→発音（中国語）
文法　単語・フレーズ・例文（中国語）→解説文・訳の読み上げ（日本語）

韓国語 한국어

会話力を身につける!

すぐに使える韓国語会話ミニフレーズ2200 CD2枚付 [会話]
鶴見　ユミ　著　四六変型／1600円（税抜）
挨拶から日常生活・旅行・冠婚葬祭まで、よく使われるフレーズ2200をシーン別に収録。丁寧語・タメ語マークやフリガナつきで初心者も安心。
ＣＤ：見出し（日本語）→例文（韓国語のみ）

短いフレーズで日常・韓国旅行までらくらく使える
魔法の韓国語会話 超カンタンフレーズ500 CD付 [会話]
鶴見　ユミ　著　四六変型／1000円（税抜）
魔法の会話表現を50パターン覚えるだけで、その9倍のフレーズをカンタンにマスターできる1冊！フレーズは短くて覚えやすく、すぐに使える表現を厳選。
ＣＤ：500フレーズ　日本語　→　韓国語　→　リピートポーズ

中級レベル

46テーマの長文で単語力と読む力を身につける
韓国語単語スピードマスター 中級2000 CD付 [単語]
鶴見　ユミ　著　Ａ５変型／1800円（税抜）
生活・ビジネス・ニュース・文化など全46テーマの対話文とパッセージを読みながら覚えられる単語集。文章を読む力を鍛えたい人やリスニング学習にも効果的。検定にも対応。
ＣＤ：全ユニットの対話文とパッセージをネイティブスピードよりややゆっくりめで収録。

日本の漢字を使って韓単語を超速で増強する!
韓国語単語スピードマスター漢字語3300 CD2枚付 [単語]
鶴見　ユミ　著　Ａ５変型／1600円（税抜）
ハングル表記されている漢字語「道」をマスターすれば「歩道」「道場」など組み合わせでどんどん応用がきく。日本人だからできる暗記に頼らない語彙増強法。
ＣＤ：見出し語約2500語　韓国語→日本語

その他

独学でカンタンマスター
夢をかなえる韓国語勉強法
鶴見　ユミ　著　四六変型　1400円（税抜）
鶴見先生の経験や知識を惜しみなく注ぎこんだ韓国語学習の指南書。

韓国恋愛事情まるわかり
男と女のLOVE×LOVE韓国語会話 CD付
イ・ジョンウン　著　四六変型　1400円（税抜）
韓国ドラマやK-POP好き、韓国人の恋人を作りたい人へオススメ。

3週間で誰でも韓国語の基礎がマスターできる
韓国語学習スタートブック 超入門編 CD付
安　垠姫　著　Ｂ５判1000円（税抜）

3週間で初級レベルの文法・フレーズ・会話が身につく!
韓国語学習スタートブック 初級編 CD付
安　垠姫　著　Ｂ５判1000円（税抜）

フランス語 *français*

ゼロからスタートシリーズ

だれでも覚えられるゼッタイ基礎ボキャブラリー 【単語】
ゼロからスタート フランス語 単語BASIC1400 CD付

アテネ・フランセ責任編集　松本悦治監修　島崎貴則 著
A5変型／1600円（税抜）
1冊で全ての基礎語をカバー。日本におけるフランス語教育の最高峰、アテネ・フランセの実践的で効率的なボキャブラリー増強法。重要語には用法・語法など詳しい解説付き。例文は日常生活でそのまま使える。CDで耳からの学習にも対応。
CD：項目名（日本語）→単語原型（フランス語）→意味（日本語）→例文（フランス語）

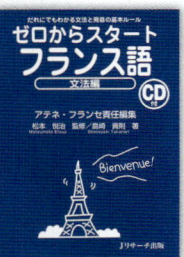

だれにでもわかる文法と発音の基本ルール 【文法】
ゼロからスタート フランス語 文法編 CD2枚付

アテネ・フランセ責任編集　松本悦治監修　島崎貴則 著
A5判／1400円（税抜）
フランス語入門者向けの最初の1冊。発音のしくみをていねいに解説。40の文法公式で基礎がすっきりマスターできる。同時に、生活でよく使う単語、会話フレーズも自然に覚えられる。例文にカタカナ、文法用法にふりがな付。CDを聞くだけで総復習ができる。
CD：発音　項目名（日本語）→発音（フランス語）／文法　項目名（日本語）→単語・例文（フランス語）

ボンジュールから始めて 日常会話・旅行会話が話せる 【会話】
ゼロからスタート フランス語 会話編 CD付

アテネ・フランセ責任編集　松本悦治監修　鈴木文恵 著
A5判／1400円（税抜）
フランス語を学び始める人のための会話入門書。お礼、質問、頼みごとなど25のテーマで話し方の基本がきちんと身につく。旅行、日常でよく使う13テーマの単語コーナーと22のミニ会話も収録。CDを使って発音からしっかり学べる。
CD：見出し語（日本語）→フレーズ（日本語（※第一、二、五章のみ）→フランス語）

★ レストランで ★

エビペーストディップ	น้ำพริก กะปิ ナムプリック カピ
ココナッツミルクディップ	เต้าเจี้ยว หลน タウチャウ ロン
生エビのナムプラー漬け	กุ้งแช่ น้ำปลา クンチェー ナムプラー
豚肉とハーブあえのサラダ	ลาบหมู ラープムー
パパイヤサラダ	ส้มตำ ソムタム
竹の子のスパイシーサラダ	ซุป หน่อไม้ スップ ノーマーイ
アヒル挽き肉のハーブあえ	ลาบเป็ด ラープペット
生野菜サラダ	สลัด ผักสด サラット パックソット
ベーコンサラダ	สลัด เบคอน サラット ベーコン
サーモンサラダ	สลัด หน้าปลา แซลมอน サラット ナープラー セーンモン

ひとくちメモ

◆タイのサラダ◆
「ヤム」とは、酸味、甘味、辛味、塩味をバランスよく組み合わせた調味料で、食材を和えることです。タイのサラダ料理は、生野菜にドレッシングをかけるのではなく、「ヤム」をしたり、辛子とニンニクや干しえびなどで作られた「ディップソース」をつけて食べたりします。日本人に人気な「ヤム」は春雨サラダ（ヤムウンセン）です。

[麺類を注文する]

9 バミー ナーム (汁入りラーメン) がいいです。
เอา บะหมี่ น้ำ
アゥ バミー ナーム

言い換え

汁なしラーメン	บะหมี่ แห้ง
	バミー ヘーング
汁入り太麺	เส้นใหญ่ น้ำ
	センヤイ ナーム
汁なし太麺	เส้นใหญ่ แห้ง
	センヤイ ヘーング
汁入り細麺	เส้น เล็ก น้ำ
	センレック ナーム
汁なし極細麺	เส้นหมี่ แห้ง
	センミー ヘーング
タイ風焼きビーフン	ผัดไทย
	パッタイ
醤油味焼ききし麺	ผัดซีอิ๊ว
	パッシーイゥ
バジル入り激辛焼きそば	ผัดขี้เมา
	パッキーマウ
あんかけ麺	ราดหน้า
	ラートナー
豚肉団子入りスープ麺	ก๋วยเตี๋ยว ลูกชิ้นหมู
	グェティアオ ルークチンムー
トムヤム麺	ก๋วยเตี๋ยว ต้มยำ
	グェティアオ トムヤム

★ レストランで ★

豚の内臓入りスープ麺	ก๋วยจั๊บ グェチャップ
カレーそうめん	ขนมจีนน้ำยา カノムチーンナムヤー
ココナッツミルク入りカレー麺	ข้าวซอย カーウソーイ
赤豚チャーシュー汁麺	บะหมี่น้ำ หมูแดง バミーナーム　ムーデーング
あんかけかた焼きそば	โกยซีหมี่ ゴーイシーミー
アヒル肉の煮込み麺	ก๋วยเตี๋ยว เป็ดตุ๋น グェティアオ　ペットトゥン
スパゲティ・カルボナーラ	สปาเก็ตตี้ คาโบนาร่า サパーゲッティ　カーボーナーラー
スパゲティ・ミートソース	สปาเก็ตตี้ ซอสเนื้อ サパーゲッティ　ソートヌア

ひとくちメモ

◆タイの麺料理◆
タイには、日本のラーメンに似た「バミー」という黄色い麺と、米粉で出来た「グェティアオ」という白い麺とがあります。「グェティアオ」は太麺（センヤイ）、細麺（センレック）と極細麺（センミー）に分かれています。屋台などで注文をするときは、「麺の種類」と、「汁入り（ナーム）」か「汁なし（ヘーング）」かを指定します。よく、「タイの麺はコシがない」という人がいます。実はタイには「麺のコシ」という単語がないのです。タイ人にとって、麺料理のおいしさの基準は「コシ」ではなく、麺の味付けやスープのクオリティにあるのです。

[調味料]

10 ナンプラーをください。

ขอ น้ำปลา
コー ナムプラー

言い換え

一味唐辛子	พริกป่น
	プリックポン
辛子入りのお酢	พริกน้ำส้ม
	プリックナムソム
砂糖	น้ำตาล
	ナムターン
コショウ	พริกไทย
	プリックタイ
潰したピーナッツ	ถั่วบด
	トゥアボット
塩	เกลือ
	グルァ

ひとくちメモ

◆自分で味付け◆
タイで麺類の店に入ると、テーブルの上にいろいろな調味料が置いてあります。実は通常、店から供された段階の麺料理の味は、仕上げ一歩手前という状態です。タイの人たちはここから、テーブルに置いてある調味料を使って、自分好みの味に調整するのです。辛いのを好む人は辛子を多めに、少し甘めでマイルドな味を好む人は砂糖を入れます。調味料には一味唐辛子、お酢、ナムプラー、砂糖、潰したピーナッツなどがあります。タイで麺類を注文した際には、これらを使っていろいろな味にトライしてみると面白いですよ。

★ レストランで ★

タイスキ店で注文する

11 **イカ**をください。

เอา ปลาหมึก
アゥ　プラーム́ック

言い換え

魚のすり身だんご	**ลูกชิ้น ปลา**
	ル̂ークチン　プラー
エビのすり身だんご	**ลูกชิ้น กุ้ง**
	ル̂ークチン　グ̂ング
エビワンタン	**เกี๊ยว กุ้ง**
	ギ́ャゥ　グ̂ング
魚ワンタン	**เกี๊ยว ปลา**
	ギ́ャゥ　プラー
くらげ	**แมงกะพรุน**
	メーングガプルン
豚挽き肉の海苔巻き	**สาหร่าย ทรงเครื่อง**
	サ̌ーラ̀ーイ　ソングクル̂ァング
ハーブの魚すり身巻き	**ปลาสวรรค์**
	プラーサワ̌ン
空芯菜	**ผักบุ้ง**
	パックブ̂ング
卵	**ไข่ไก่**
	カ̀イカ̀イ
ライス	**ข้าวสวย**
	カ̂ーゥス̌ァイ
緑麺	**หมี่หยก**
	ミ̀ーヨ̀ック

機内・空港編　宿泊編　飲食編　ショッピング編　観光編　アクティビティ編　トラブル編

85

	ローストダック	**เป็ดย่าง**
		ペットヤーング
	焼き豚	**หมูกรอบ**
		ムーグローブ

12 タレをください。

ขอ น้ำจิ้ม
コー　チムチム

Track 49

言い換え

	ライム	**มะนาว**
		マナーゥ
	にんにく	**กระเทียม**
		グラティアム
	辛子	**พริก**
		プリック
	パクチー	**ผักชี**
		パックチー
	ネギ	**ต้นหอม**
		トンホーム

ひとくちメモ

◆一度はお試しあれ！　タイスキ◆
タイスキは日本で言うとしゃぶしゃぶのようなものです。スープが入っている鍋に野菜、ミートボールや魚介類などの具材（日本であまり見かけないようなものもあります）を入れ、火が通ったらそれを引き上げて、タレをつけて食べます。薄味が好きな人はタレにスープを足して味を調整します。タレは甘辛く、好みで唐辛子、ライム、万能ねぎやニンニクを足します。なお、多くのタイスキの店では、ローストダック、チャーシューや焼き豚などのサイドメニューも用意されています。こちらも機会があれば注文してみてください。

★ レストランで ★

●タイ料理店の単語

- □ ウェイトレス
  พนักงานเสิร์ฟ
  パナックガーンスァーブ

- □ 調味料
  เครื่องปรุง
  クルアングプルング

- □ 椅子
  เก้าอี้
  カウイー

- □ 一味唐辛子
  พริกป่น
  プリックポン

- □ 酢漬け辛子
  พริกน้ำส้ม
  プリックナムソム

- □ ナムプラー
  น้ำปลา
  ナムプラー

- □ 料理人
  กุ๊ก
  クック

- □ スプーン
  ช้อน
  チョーン

- □ フォーク
  ส้อม
  ソム

- □ メニュー
  เมนู
  メーヌー

- □ 箸
  ตะเกียบ
  タギァーブ

- □ 皿
  จาน
  チャーン

- □ 小皿
  จานแบ่ง
  チャーンベング

- □ テーブル
  โต๊ะ
  ト

- □ 楊枝
  ไม้จิ้มฟัน
  マイチムファン

- □ 砂糖
  น้ำตาล
  ナムターン

- □ サービングスプーン
  ช้อนกลาง
  チョーングラーング

- □ コップ
  แก้ว
  ゲーウ

- □ スープ入れ
  ถ้วยใส่น้ำซุป
  トゥアイサイナムスップ

機内・空港編 | 宿泊編 | 飲食編 | ショッピング編 | 観光編 | アクティビティ編 | トラブル編

デザートを注文する

13 果物をください。

เอา ผลไม้

アゥ ポンラマーイ

言い換え

ケーキ	เค้ก ケーク
ココナッツアイス	ไอศครีม กะทิ アイサクリーム ガティ
タイ風焼きプリン	ขนมหม้อแกง カノムモーゲーング
タイ風カスタード	สังขยา サングカヤー
温か白玉入りデザート	บัวลอย ブアローイ
もち米とマンゴーのデザート	ข้าวเหนียว มะม่วง カーウニャゥ マムアング
もち米とドリアンのデザート	ข้าวเหนียวทุเรียน カーウニャゥ トゥリアン
バナナのシロップ煮	กล้วยเชื่อม グルアイチュアム

ひとくちメモ

◆お米とデザート◆
タイでは果物をご飯と炒めたり、もち米と食べたりします。パイナップル炒飯（カーウ パット サッパロット）（→ P106）以外にも、もち米の上にのせて食べるマンゴー（カーウニャゥ マムアング）やもち米の上にのせて食べるドリアン（カーウニャゥ トゥリアン）」などのデザートも絶品です。タイで食べる果物は、意外と米に合うのです。

★ レストランで ★

●タイのくだもの

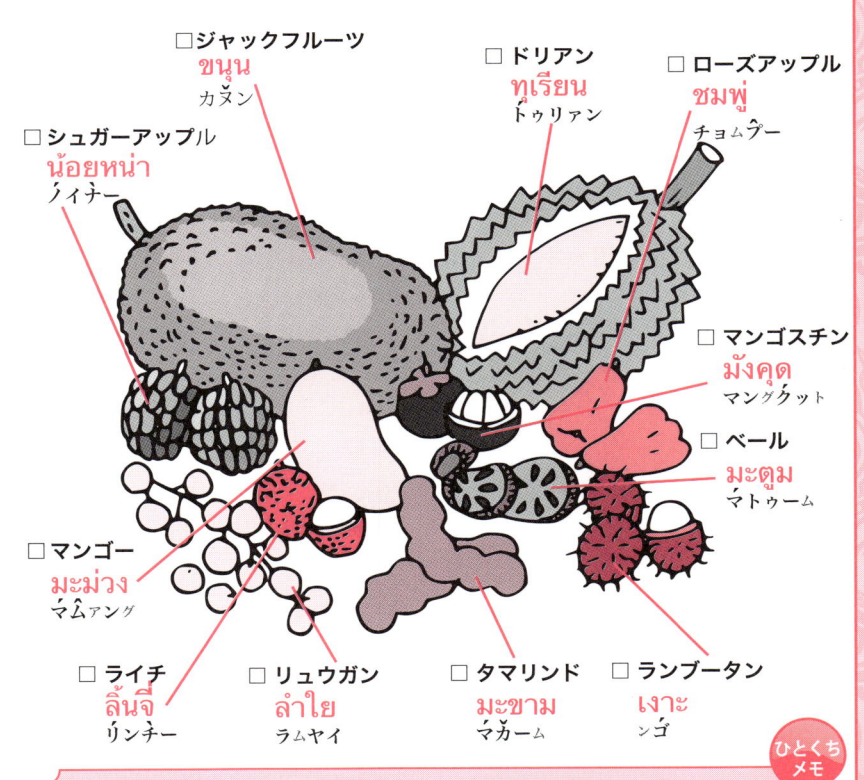

□ ジャックフルーツ
ขนุน
カヌン

□ ドリアン
ทุเรียน
トゥリアン

□ ローズアップル
ชมพู่
チョムプー

□ シュガーアップル
น้อยหน่า
ノィナー

□ マンゴスチン
มังคุด
マングクット

□ ベール
มะตูม
マトゥーム

□ マンゴー
มะม่วง
マムアング

□ ライチ
ลิ้นจี่
リンチー

□ リュウガン
ลำใย
ラムヤイ

□ タマリンド
มะขาม
マカーム

□ ランブータン
เงาะ
ンゴ

ひとくちメモ

◆ フルーツ天国！ ◆
ほんのり甘く、クリーミーでとろける様な食感のドリアンは、「フルーツの王様」と言われています。においは強烈ですが、はまるとやみつきになります。「フルーツの女王」と言われているのはマンゴスチンです。中のぷるぷるとした白い果実はフルーティで甘酸っぱい味がします。シュガーアップルは別名、「釈迦頭」と呼ばれています。形がお釈迦様の頭に似ているからです。種がたくさん入っていますが、完熟した果肉の口解けの良い甘さは絶品です。ベールのジュースは爽やかな味で、健康飲料として人気があります。

89

食器などを持ってきてもらう

14 **お手拭き**をください。

ขอ ผ้าเช็ดมือ
ขŏー パーチェットムー

言い換え

スプーン	**ช้อน**
	チョーン
取り分け用のスプーン	**ช้อนกลาง**
	チョーングラーング
フォーク	**ส้อม**
	ソム
ナイフ	**มีด**
	ミート
箸	**ตะเกียบ**
	タギアープ
小皿	**จานแบ่ง**
	チャーンベェング
ストロー	**หลอด**
	ロート
灰皿	**ที่เขี่ยบุหรี่**
	ティキァブリー
領収書	**ใบเสร็จ**
	バイセット

15 テーブルを片付けてください。

ช่วย เก็บ โต๊ะ หน่อย
チュアイ ゲップ ト ノイ

言い換え

皿を片付けて	เก็บ จาน ゲップ チャーン
テーブルを拭いて	เช็ด โต๊ะ チェット ト
持ち帰りように包んで	ห่อ กลับบ้าน ホー グラップバーン
会計をして（高級店で）	เช็คบิลล์ チェックビン
会計をして（屋台などで）	เก็บเงิน ゲップグン
食べ方を教えて	สอน วิธีกิน ソーン ウィティーギン
計算しなおして	คำนวณ ใหม่ カムヌアン マイ
新しいのと取り替えて	เปลี่ยน เป็น อันใหม่ プリァン ペン アンマイ
急いで	รีบ リープ

フードコートで

場所を聞く

1 フードコートはどこですか。
ฟู้ดคอร์ท อยู่ ที่ไหน
フートコート ユー ティナイ

言い換え	クーポング券売り場	ที่ขาย คูปอง ティカーイ クーポング
	クーポン券返却場	ที่คืน คูปอง ティクーン クーポング
	飲み物売り場	ที่ขาย เครื่องดื่ม ティカーイ クルアングドゥーム
	スプーンとフォーク	ช้อน กับ ตะเกียบ チョーン ガップ タギャープ

ひとくちメモ

◆フードコート◆
屋台以外に手軽に食事がとれる場所といえばフードコートです。フードコートはほとんどのデパート内にあります。屋台より値段は若干高めですが、料理の種類も豊富ですし、エアコンも効いていて快適です。衛生面も屋台よりは安心できます。フードコートでは、まずクーポン券を購入し、料理を注文したときにお金のかわりにクーポン券をで支払います。残ったクーポン券は返却カウンターで換金してもらえます。
フードコートや屋台の料理は持ち帰りすることができます。ご飯類や汁の入っていない料理は、そのままでも問題ありませんが、麺の入った汁物などは途中で麺がのびてしまったり、具材が汁を吸って味が変わったりしてしまうことがあります。そのため、タイ人はは汁物を持ち帰り用に注文するとき、「スープを別にしてください（イェーク ナムスップ ドゥアイ）」と言います。そうすると店員は別々にビニール袋に入れてくれます。

★ フードコート ★

定番フレーズ

Track 53

💬 **飲食店全般で**

◎ スプーンを落としました。
　ทำ ช้อน ตก
　タム　チョーン　トック

◎ 新しいスプーンをください。
　ขอ ช้อน ใหม่
　コー　チョーン　マイ

◎ ここで食べます。
　ทาน ที่นี่
　ターン　ティニ

◎ 持ち帰ります。
　เอา กลับบ้าน
　アウ　グラップバーン

◎ どんなおすすめ料理がありますか。
　มี อาหาร อะไร แนะนำ บ้าง
　ミー　アーハーン　アライ　ネナム　バーング

◎ 辛くない料理はどれですか。
　อาหารไหน ที่ ไม่เผ็ด
　アーハーンナイ　ティ　マイペット

◎ 注文した料理がまだきません。
　อาหาร ที่สั่ง ยัง ไม่มา
　アーハーン　ティサング　ヤング　マイマー

◎ カードで払えますか。
　ใช้การ์ด จ่าย ได้ไหม
　チャイガート　チャーイ　ダイマイ

市場で

食材を買う

1 1キロいくらですか。
กิโล ละ เท่าไร
キロー ラ タゥライ

言い換え

100グラム　　　　ขีด ละ
　　　　　　　　キート ラ

500グラム　　　　ครึ่ง กิโล
　　　　　　　　クルング キロー

1ダース　　　　　โหล ละ
　　　　　　　　ロー ラ

1袋　　　　　　　ถุง ละ
　　　　　　　　トゥング ラ

1匹　　　　　　　ตัว ละ
　　　　　　　　トゥア ラ

1箱　　　　　　　กล่อง ละ
　　　　　　　　グロング ラ

ひとくちメモ

◆タイ独特の量り方◆
市場やスーパーを歩くと、量り売りの食材がたくさんあります。その都度、店員に必要な量を伝えて袋詰めにしてもらいます。タイでは100グラムを1キートと言います。すなわち、1キロ＝1000グラムは10キートということになります。たとえば何かを500グラム買いたい場合は、5キートくださいと、店員に伝えましょう。

定番フレーズ

市場で

◎ これは何ですか。
นี่ คือ อะไร
ニー クー アライ

◎ これは何というものですか。
นี่ เรียกว่า อะไร
ニー リャックウー アライ

◎ これは何の野菜ですか。
นี่ คือ ผักอะไร
ニー クー パックアライ

◎ これは何の肉ですか。
นี่ คือ เนื้ออะไร
ニー クー ヌァアライ

◎ これはどのように食べるのですか。
นี่ กินยังไง
ニー ギンヤングガイ

◎ どのように売っているのですか。
ขายยังไง
カーイ ヤングガイ

◎ 1キロください。
เอา 1กิโล
アウ ヌングキロー

◎ 全部でいくらですか
ทั้งหมด เท่าไร
タングモット タウライ

お役立ち単語

- ☐ 予約する
  จอง
  チョーング

- ☐ 予約をしていない
  ไม่ได้ จอง
  マィダイ チョーング

- ☐ 何名様
  กี่ ที่
  ギー ティ

- ☐ 4名
  4 ที่
  シー ティ

- ☐ 待つ
  รอ
  ロー

- ☐ 食べる
  กิน
  ギン

- ☐ 飲む
  ดื่ม
  ドゥーム

- ☐ 注文する
  สั่ง
  サング

- ☐ すっぱい
  เปรี้ยว
  プリァゥ

- ☐ 甘い
  หวาน
  ウァーン

- ☐ しょっぱい
  เค็ม
  ケム

- ☐ 脂っこい
  มัน
  マン

- ☐ 辛い
  เผ็ด
  ペット

- ☐ 味が薄い
  รสจืด
  ロットチュート

- ☐ 味が濃い
  รสจัด
  ロットチャット

- ☐ おいしい
  อร่อย
  アロイ

- ☐ とてもおいしい
  อร่อย มาก
  アロイ マーク

- ☐ おいしくない
  ไม่ อร่อย
  マィ アロイ

- ☐ 一緒に払う
  จ่าย รวม
  チャーイ ルアム

- ☐ 別々に払う
  จ่าย แยก
  チャーイ イェーク

- ☐ 火が通っていない
  ไม่สุก
  マィスック

- ☐ 汚い
  สกปรก
  ソクカプロック

- ☐ 注文していない
  ไม่ได้ สั่ง
  マィダイ サング

- ☐ また来る
  จะ มาใหม่
  チャ マーマィ

- ☐ 乾杯
  ชนแก้ว
  チョンガーゥ

ショッピング 編

ショッピングは旅行の楽しみのひとつです。タイは日本より物価が安いので、いいものをお手ごろな価格で買うことができます。民芸品やタイシルク、衣類や雑貨など日本にないタイ独自のものもたくさんあります。また、売り場の商品に値札がついていないことが多々あります。そんなときはこれから紹介するフレーズを使って値下げ交渉をするなどして、お買い物を満喫してくださいね。

店を探す

[店を探す]

1 セントラルデパートはどこですか。
ห้างเซ็นทรัล อยู่ ที่ไหน
ハーングセンタン ユー ティチャイ

言い換え		
	市場	**ตลาด** タラート
	スーパーマーケット	**ซุปเปอร์ มาเก็ต** スッパー マーケット
	コンビニ	**ร้าน สะดวกซื้อ** ラーン サドゥアクスー
	CDショップ	**ร้าน ซีดี** ラーン シーディ
	写真屋	**ร้าน ถ่ายรูป** ラーン ターイループ
	パン屋	**ร้าน เบเกอรี่** ラーン ベーグァーリー
	本屋	**ร้าน ขาย หนังสือ** ラーン カーイ ナングスー
	靴屋	**ร้าน ขาย รองเท้า** ラーン カーイ ローングターウ
	ドラッグストア	**ร้าน ขาย ยา** ラーン カーイ ヤー

Track 56

★ 店を探す ★

売り場を探す

2 婦人服売り場はどこですか。

แผนก เสื้อผ้า สตรี อยู่ ที่ไหน
パネェーク スァパー サトリー ユー ティチィ

🔄 言い換え

化粧品	เครื่องสำอาง
	クルアングサムアーング
紳士服	เสื้อผ้า สุภาพบุรุษ
	スァパー スパープブルット
子供服	เสื้อผ้า เด็ก
	スァパー デック
婦人靴	รองเท้า สุภาพสตรี
	ローングターウ スパープサトリー
紳士靴	รองเท้า สุภาพบุรุษ
	ローングターウ スパープブルット
スポーツ用品	เครื่อง กีฬา
	クルアング ギーラー
文具	เครื่อง เขียน
	クルアング キァーン
家具	เฟอร์นิเจอร์
	ファニチュアー
書籍	หนังสือ
	ナングスー
電気製品	เครื่องใช้ ไฟฟ้า
	クルアングチャイ ファイファー
生鮮食品	อาหาร สด
	アーハーン ソット

お店で

服を買う

1 Tシャツはありますか。

มี เสื้อยืด ไหม
ミー スァユート マイ

言い換え	スーツ	**สูท** スート
	シャツ	**เสื้อเชิ้ต** スァ チュアート
	半ズボン	**กางเกง ขาสั้น** ガーングゲーング カーサン
	長ズボン	**กางเกง ขายาว** ガーングゲーング カーヤーウ
	ジーパン	**กางเกง ยีนส์** ガーングゲーング ジーン
	スカート	**กระโปรง** クラプローング
	スカーフ	**ผ้าคลุม ไหล่** パークルム ライ
	靴下	**ถุงเท้า** トゥングターウ
	ネクタイ	**เนคไท** ネックタイ

★ お店で ★

●服飾店の単語

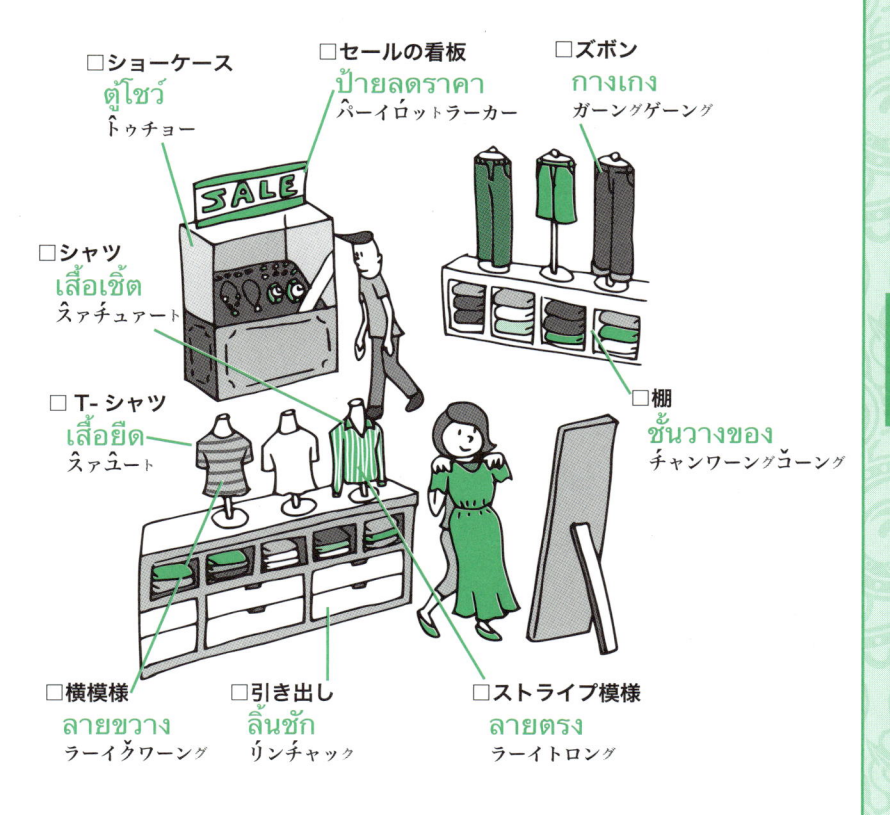

□ショーケース
ตู้โชว์
トゥチョー

□セールの看板
ป้ายลดราคา
パーイロットラーカー

□ズボン
กางเกง
ガーングゲーング

□シャツ
เสื้อเชิ้ต
スァチュアート

□T-シャツ
เสื้อยืด
スァユート

□棚
ชั้นวางของ
チャンワーングコーング

□横模様
ลายขวาง
ラーイクワーング

□引き出し
ลิ้นชัก
リンチャック

□ストライプ模様
ลายตรง
ラーイトロング

機内・空港編 / 宿泊編 / 飲食編 / ショッピング編 / 観光編 / アクティビティ編 / トラブル編

101

デザインについてたずねる

2 半袖はありますか。
มี แขนสั้น ไหม
ミー ケーンサン マイ

🔄 言い換え

長袖	แขนยาว
	ケーンヤーウ
Vネック	คอวี
	コーウィー
丸えり	คอกลม
	コーゴロム

生地についてたずねる

3 シルクがほしいです。
อยากได้ ผ้า ไหม
ヤークダイ パー マイ

🔄 言い換え

木綿	ฝ้าย
	ファーイ
麻	ลินิน
	リニン
サテン	แพร
	プレー
かすり調のタイシルク	มัดหมี่
	マットミー

★ お店で ★

色についてたずねる

4 赤色はありますか。
มี สี แดง ไหม
ミー シー デーング マイ

言い換え	青	**ฟ้า** ファー
	ピンク	**ชมพู** チョムプー
	黄	**เหลือง** ルゥアング
	緑	**เขียว** キァーゥ
	オレンジ	**ส้ม** ソム
	白	**ขาว** カーゥ
	黒	**ดำ** ダム
	グレー	**เทา** タゥ
	茶	**น้ำตาล** ナムターン
	明るい色	**สว่าง** サワーング
	濃い色	**เข้ม** ケム

サイズについてたずねる

4 Sサイズはありますか。

มี ไซส์ S ไหม
ミー サイ エス マイ

Mサイズ	**ไซส์ M** サイ エム
Lサイズ	**ไซส์ L** サイ エル
LLサイズ	**ไซส์ LL** サイ エルエル
これより大きいサイズ	**ใหญ่ กว่านี้** ヤイ グワーニィ
これより小さいサイズ	**เล็ก กว่านี้** レック グワーニィ
これより長いもの	**ยาว กว่านี้** ヤーウ グワーニィ
これより短いもの	**สั้น กว่านี้** サン グワーニィ

◆服のオーダーメイド◆

タイには多くの仕立て屋があります。手頃な値段で、注文を受けてから1週間程度でできあがります。ですから、旅行中に仕立ててもらって、持ち帰る人もいます。ただし、店によっては縫い方が雑だったり、作りが悪かったりしますので、その店の完成品を確認してから注文しましょう。デザインもあらかじめ用意していくと、注文がスムーズにいきます。

ひとくちメモ

★ お店で ★

鞄・靴・服飾雑貨を買う

5 ハンドバッグを探しています。
กำลัง หา กระเป๋าถือ อยู่
ガムラング ハー グラパウトゥー ユー

言い換え

旅行用スーツケース	กระเป๋า เดินทาง	グラパウ ドゥーンターング
ベルト	เข็มขัด	ケムカット
財布	กระเป๋า สตางค์	グラパウ サターング
腕時計	นาฬิกา ข้อมือ	ナーリガー コームー
サングラス	แว่นกันแดด	ウェンガンデート
帽子	หมวก	ムアック
傘	ร่ม	ロム
靴	รองเท้า	ローングターウ
サンダル	รองเท้าแตะ	ローングターウテェ
スカーフ	ผ้าพันคอ	パーパンコー

機内・空港編 / 宿泊編 / 飲食編 / ショッピング編 / 観光編 / アクティビティ編 / トラブル編

ギフト雑貨を買う

6 写真立てはありますか。

มี กรอบรูป ไหม
ミー クロープループ マイ

言い換え	
キーホルダー	**พวง กุญแจ** プアング グンチェー
お香	**ธูปหอม** トゥープホーム
アロマキャンドル	**เทียนหอม** ティアンホーム
キャンドル立て	**เชิงเทียน** チュアーングティアン
タイ人形	**ตุ๊กตา ไทย** トゥッカター タイ
ベンチャロン陶器	**ถ้วย เบญจรงค์** トゥアイ ベンチャロング
セラドンカップセット	**ชุด ถ้วย ศิลาดล** チュット トゥアイ シラドン

ひとくちメモ

◆タイの焼き物◆
タイの有名な焼き物といえば、ベンチャロン焼きとセラドン焼きがあります。「ベンチャロン」は「5つの色」という意味があり、昔は5つの色で柄が描かれていました。現在はさまざまな柄があり、5色以上使用されているものもあります。王室で愛用されている高級品としても有名です。セラドン焼きはタイ北部の代表的な焼き物です。上品な青みがかった陶器で、象や植物などをモチーフとしたデザインの小物が観光客に大人気です。

★ お店で ★

文具を買う

7 <u>ペン</u>を探しています。

กำลัง หา ปากกา อยู่
ガムラング ハー パークカー ユー

🔄 言い換え

鉛筆	**ดินสอ** ディンソー	
のり	**กาว** ガーゥ	
消しゴム	**ยางลบ** ヤーングロップ	
はさみ	**กรรไกร** ガングライ	
セロテープ	**เทปใส** テープサイ	
メモノート	**สมุดโน๊ต** サムットノート	
ハガキ	**โปสการ์ด** ポーッサカート	
封筒	**ซอง จดหมาย** ソーング チョットマーイ	
便箋	**กระดาษ เขียน จดหมาย** グラダート キィアン チョットマーイ	

機内・空港編 / 宿泊編 / 飲食編 / **ショッピング編** / 観光編 / アクティビティ編 / トラブル編

アクセサリーを買う

8 イヤリングはありますか。
มี ตุ้มหู ไหม
ミー トゥムフー マイ

言い換え

ネックレス	สร้อย คอ ソイ コー
ブレスレット	สร้อย ข้อมือ ソイ コームー
髪留め	ที่ กลัดผม ティー グラットポム
ヘアゴム	ยาง รัดผม ヤーング ラットポム

商品についてたずねる

9 これは**本物**ですか。
อันนี้ ของแท้ หรือเปล่า
アンニー コーングテェー ルーブラウ

言い換え

革	หนังแท้ ナングテェー
シルク	ผ้าไหม パーマイ
銀	เครื่องเงิน クルアンググン
錫 (すず)	ดีบุก ディブック

★ お店で ★

手作り	สินค้า หัตถกรรม
	シンカー ハッタガム

[化粧品を買う]

10 クレンジングクリームをください。
ขอ ครีมล้าง เครื่องสำอาง
コー　クリームラーング　クルアングサムアーング

言い換え

クレンジングフォーム	โฟม ล้างหน้า
	フォーム ラーングナー
化粧水	โทนเนอร์
	トーンヌァー
乳液	มิลกี้ โลชั่น
	ミルキー ローシャン
保湿クリーム	ครีม มอยส์เจอร์
	クリーム モイスチュアー
綿	สำลี
	サムリー
日焼け止めクリーム	ครีม กันแดด
	クリーム ガンデート
口紅	ลิปสติก
	リップサティック
アイライナー	อาย ลายเนอร์
	アーイ ラーイヌァー
香水	น้ำหอม
	ナムホーム

日用品を買う

11 歯ブラシはどこにありますか。

แปรงสีฟัน อยู่ ที่ไหน
プレーングシーファン　ユー　ティチャイ

言い換え	歯磨き粉	**ยาสีฟัน** ヤーシーファン
	石鹸	**สบู่** サブー
	タオル	**ผ้า เช็ดตัว** パー　チェットトゥア
	ナプキン	**ผ้า อนามัย** パー　アナーマイ
	洗剤	**ผง ซักฟอก** ポング　サックフォーク
	電池	**ถ่าน ไฟฉาย** ターン　ファイチャーイ
	おむつ	**ผ้าอ้อม** パーオーム
	ティッシュ	**ทิชชู่** ティッシュー
	くし	**หวี** ウィー
	かみそり	**มีดโกน** ミートゴーン

★ お店で ★

ラッピングを頼む

12 ギフト用のラッピングをしてください。

ช่วย ห่อ ของขวัญ ด้วย
チュアイ ホー コングクワン ドゥアイ

🔄 言い換え

別々にラッピングして	ห่อ แยก
	ホー イェーク
一緒にラッピングして	ห่อ รวมกัน
	ホー ルアムガン
箱に入れて	ใส่ กล่อง
	サイ グロング
リボンをつけて	ผูก โบว์
	プーク ボー
値札をはがして	เอา ป้าย ราคา ออก
	アウ パーイ ラーカー オーク
この包装紙を使って	ห่อ กระดาษ ลายนี้
	ホー グラダート ラーイニィ

ひとくちメモ

◆デパートとショッピングモール◆
タイのデパートやショッピングモールは生活密着型で、レストラン、映画館、美容院、マッサージ屋、ネットカフェやカルチャースクールなどが入っています。中にはスケートリンクや水族館が入っているところもあり、買い物目的でなく、涼みに行く人やデートで訪れる若者も少なくありません。タイは1年中熱いので、人々は散歩をしたいとき、日差しの強い公園ではなく、なんでも揃っているデパートやショッピングモールで散歩をするのです。

場所を聞く

13 トイレはどこにありますか。

ห้องน้ำ อยู่ ที่ไหน
ホングチャーム ユー ティチャイ

言い換え	エレベーター	**ลิฟท์** リップ
	階段	**บันได** バンダイ
	エスカレーター	**บันได เลื่อน** バンダイ ルァン
	案内カウンター	**ประชา สัมพันธ์** プラチャー サムパン
	サービスカウンター	**เคาน์เตอร์ เซอร์วิส** カウトァー スァーウィット
	駐車場の出口	**ทางออก ไป ที่จอดรถ** ターングオーク パイ ティチョートロット
	タクシー乗り場	**ที่ขึ้น รถแท็กซี่** ティクン ロットテェックシー
	公衆電話	**โทรศัพท์ สาธารณะ** トーラサップ サーターラナ

★ お店で ★

定番フレーズ

Track 64

商品を見る・選ぶ

◎ 見てるだけです。
ดู เฉยๆ
ドゥ チューイチューイ

◎ いりません。
ไม่เอา
マイアオ

◎ これを見せてもらえますか。
ขอดู อันนี้ ได้ไหม
コードゥ アンニィ ダイマイ

◎ これを試着できますか。
ลอง ใส่ ได้ไหม
ローング サイ ダイマイ

◎ これのサイズは何ですか。
อันนี้ ไซส์ อะไร
アンニィ サイ アライ

◎ 別のデザインはありますか。
มี แบบอื่น ไหม
ミー ベープウーン マイ

◎ 新しいのをくれませんか。
ขอ อันใหม่ ได้ไหม
コー アンマイ ダイマイ

定番フレーズ

購入・価格交渉・支払い

◎ いくらですか。
เท่าไร
タゥライ

◎ 高すぎます。
แพงไป
ペーングパイ

◎ 安くできますか。
ลด หน่อย ได้ไหม
ロット ノイ ダイマイ

◎ これをください。
เอา อันนี้
アゥ アンニィ

◎ あれをください。
เอา อันนั้น
アゥ アンナン

◎ それをください。
เอา อันโน้น
アゥ アンノーン

◎ クレジットカードは使えますか。
ใช้ บัตร เครดิต ได้ไหม
チャイ バット クレーディット ダイマイ

◎ 領収書をください。
ขอ ใบเสร็จ
コー バイセット

買った物を日本に送る

◎ 郵送できますか。
ส่ง ได้ไหม
ソング ダイマイ

◎ 郵送料はいくらですか。
ค่าส่ง เท่าไร
カーソング タウライ

◎ 何日かかりますか。
ใช้ เวลา กี่วัน
チャイ ウェーラー ギーワン

◎ どのように郵送してくれますか。
ส่ง ทางไหน
ソング ターングナイ

◎ 保険はありますか。
มี ประกัน ไหม
ミー プラガン マイ

お役立ち単語

- [ ] 警察署
  สถานีตำรวจ
  サターニータムルアット

- [ ] 警察官
  ตำรวจ
  タムルアット

- [ ] 市役所
  ที่ว่าการอำเภอ
  ティワーガーンアムプァ

- [ ] 郵便局
  ไปรษณีย์
  プライサニー

- [ ] ポスト
  ตู้ไปรษณีย์
  トゥープライサニー

- [ ] 横断歩道
  ทางม้าลาย
  ターングマーラーイ

- [ ] 信号
  สัญญาณไฟจราจร
  サンヤーンファイチャラーチョーン

- [ ] 公園
  สวนสาธารณะ
  スアンサーターラチ

- [ ] 寺院
  วัด
  ウット

- [ ] 川
  คลอง
  クローング

- [ ] 船
  เรือ
  ルア

- [ ] 橋
  สะพาน
  サパーン

- [ ] パトカー
  รถตำรวจ
  ロットタムルアット

- [ ] タクシー
  รถแท็กซี่
  ロットテックシー

- [ ] トゥクトゥク
  รถตุ๊กๆ
  ロットトゥックトゥック

- [ ] 車
  รถยนต์
  ロットヨン

- [ ] バス
  รถเมล์
  ロットメー

- [ ] バス停
  ป้ายรถเมล์
  パーイロット メー

- [ ] 地下鉄の駅
  สถานีรถไฟฟ้าใต้ดิน
  サターニーロットファイファータイディン

- [ ] BTS スカイトレインの駅
  สถานีรถไฟฟ้าBTS
  サターニーロットファイファー BTS

観光 編

ひとくちに「タイで観光する」と言っても、いろいろな楽しみ方があります。煌びやかな寺院巡りやアユタヤやスコータイの古都巡りから始まって、巨大ショッピングモールが建ち並ぶバンコクでの買い物三昧、オカマショーやタイボクシングなどの舞台観賞やスポーツ観戦などなど……。タクシーやスカイトレイン、地下鉄などの利用も含め、観光するときに便利なフレーズを見てみましょう。

観光案内所で

場所をたずねる

Track 66

1 水上マーケットはどこにありますか。
ตลาดน้ำ อยู่ ที่ไหน
タラートナーム ユー ティナイ

言い換え

宮殿	พระราชวัง	プララートチャワン
博物館	พิพิธภัณฑ์	ピピッタパン
ワットポー	วัดโพธิ์	ウットポー
ワットアルン（暁の寺院）	วัดอรุณ	ウットアルン
エメラルド寺院	วัดพระแก้ว	ウットプラケーウ
チャイナタウン	เยาวราช	ヤウワラート
美術館	หอศิลป์	ホーシン
伊勢丹デパート	ห้างอีเซตัน	ハーングイセタン
ルンピニー スタジアム	สนามมวย ลุมพินี	サナームムアイ ルムピニー

118

★ 観光案内所で ★

2 この辺りに、お土産屋はありますか。

แถวนี้ มี ร้าน ขาย ของฝาก ไหม
テゥニー ミー ラーン カーイ コーングファーク マイ

言い換え

交番	**ป้อมตำรวจ**
	ポムタムルアット
郵便局	**ไปรษณีย์**
	プライサニー
薬局	**ร้าน ขายยา**
	ラーン カーイヤー
カフェ	**ร้าน กาแฟ**
	ラーン ガーフェー
おいしいケーキ屋	**ร้าย เค้ก อร่อยๆ**
	ラーン ケーク アロイ アロイ
病院	**โรงพยาบาล**
	ローングパヤバーン

お役立ち単語

□ ツアー料金
ค่า ทัวร์
カー トゥア

□ 集合場所
จุด นัดพบ
チュット ナットポップ

□ 集合時間
เวลา นัดพบ
ウェーラー ナットポップ

□ 自由時間
เวลา อิสระ
ウェーラー イッサラ

□ 日本語のガイド
ไกด์ ที่ พูด ภาษาญี่ปุ่น ได้
ガイ ティ プート パーサーイープン ダイ

希望を伝える

3 寝仏像を見に行きたいです。
อยาก ไป ดู พระนอน
ヤーク パイ ドゥ プラノーン

タイ舞踊を見に	**ดู รำไทย**
	ドゥ ラムタイ
ムエタイを見に	**ดู มวยไทย**
	ドゥ ムアイタイ
象を乗りに	**ขี่ ช้าง**
	キー チャーング
タイ料理を食べに	**กิน อาหาร ไทย**
	ギン アーハーン タイ
フードセンターに	**ศูนย์ อาหาร**
	スーン アーハーン
買い物に	**ซื้อของ**
	スーコーング
タイシルクを買いに	**ซื้อ ผ้าไหมไทย**
	スー パーマイタイ
タイ古式マッサージをしに	**นวด แผนไทย**
	ヌアット ペェーンタイ
ゴルフをしに	**ตีกอล์ฟ**
	ティゴーフ
パブに	**ผับ**
	パプ
カラオケをしに	**คาราโอเกะ**
	カラオケ

(言い換え) Track 67

★ 観光案内所で ★

ツアーの問合せ

4 市内観光ツアーはありますか。
มี ทัวร์ เที่ยว ในเมือง ไหม
ミー　トゥア　ティアゥ　ナイムアング　マイ

言い換え

日帰りツアー	**วันเดย์ ทัวร์** ワンデー　トゥア
半日ツアー	**ทัวร์ ครึ่งวัน** トゥア　クルングワン
バンコク市内ツアー	**ทัวร์ กรุงเทพ** トゥア　クルングテープ
アユタヤツアー	**ทัวร์ อยุธยา** トゥア　アユッタヤー
パタヤツアー	**ทัวร์ พัทยา** トゥア　パッタヤー

ひとくちメモ

◆タイの象たち◆
タイにはたくさん象がいます。昔は労働力として使われ、戦争時には戦う人々を背中に乗せて、戦地で活躍しました。現在では、象たちはさまざまな芸を仕込まれて、観光客を楽しませています。象の訓練学校もあります。アユタヤでは象に乗って遺跡巡りができますし、チェンマイでは絵を描く象と出会えます。スリン県では象のサッカープレーが見られたりもします。

観光スポットで

チケットを買う

1 **大人** 1枚お願いします。

ขอ ตั๋ว ผู้ใหญ่ 1 ใบ
コー トゥア プーヤイ ヌング バイ

言い換え

子供	เด็ก
	デック
学生	นักศึกษา
	ナックスックサー
団体	กลุ่ม
	グルム
外国人用	คนต่างชาติ
	コンターングチャート

定番フレーズ

◎ 入場料はいくらですか。
ค่า เข้าชม เท่าไร
カー カウチョム タウライ

◎ 入場券はどこで買えますか。
ซื้อ บัตรเข้าชมได้ ที่ไหน
スー バットカウチョムダイ ティナイ

ひとくちメモ

◆入場料金◆
観光地で入場チケットを購入するときに、「タイ人ですか。外国人ですか」と聞かれることがあります。タイ人は税金を払っているため、外国人より入場料が安く設定されています。そのため、外国人はタイ人より高めのチケットを購入して入場することになります。入場ゲートが分かれている所もありますので、確認しましょう。

★ 観光スポットで ★

場所をたずねる

2 入口はどこですか。
ทางเข้า อยู่ ตรงไหน
ターングカウ　ユー　トロングナイ

言い換え

出口	ทางออก ターングオーク
お手洗い	ห้องน้ำ ホングナーム
エレベーター	ลิฟท์ リフ
エスカレーター	บันไดเลื่อน バンダイルアン
案内所	ประชาสัมพันธ์ プラチャーサムパン
入場券売り場	ที่ ขายบัตร ティ　カーイバット
荷物預かり所	ที่ ฝาก สัมภาระ ティ　ファーク　サムパーラ

ひとくちメモ

◆タイのお手洗い◆
タイには、タイ式トイレと洋式トイレがあります。タイ式トイレは和式トイレと同様に、しゃがんで使用します。隣に水槽がありますので、そこから自分で水を汲んで便器に流します。洋式トイレの場合、便器の横に小さなノズルシャワーがついています。ウォシュレットとしてお尻を洗浄するためのものです。なお、トイレットペーパーがついていない所も多いため、事前にティッシュを準備してから入ることをおすすめします。高級レストランやクラブなどの男性用トイレには、場所によってトイレ内の肩もみサービスやホットタオルのサービスがあることも。サービスを受けた際にはチップを渡しましょう。

許可を得る

3 中に入ってもいいですか。

เข้า ได้ หรือเปล่า
カゥ ダイ ルーブラゥ

言い換え

触っても	จับ
	チャップ
ここに座っても	นั่ง ที่นี่
	ナング ティニィ
再入場しても	เข้า อีกครั้ง
	カゥ イーククラング

写真を撮る

4 写真を撮ることは可能ですか。

ถ่ายรูป ได้ไหม
ターィルーブ ダイマイ

言い換え

ここで写真を撮ることは	ถ่ายรูป ที่นี่
	ターィルーブ ティニィ
写真を撮ってもらうことは	ถ่ายรูป ให้หน่อย
	ターィルーブ ハイノィ

定番フレーズ

◎ ここを押してください。

กด ตรงนี้

ゴット トロングニー

★写真のお願いをした後は、「ありがとう（コーㇷ゚クン）」と、お礼を言いましょう。

時刻についてたずねる

5 何時に出発しますか。
ออก เดินทาง กี่โมง
オーク　ドゥアンターング　ギーモーング

言い換え

| 迎えに来ますか | มารับ |
| マー ラップ |

ホテルに戻りますか　กลับ ถึง โรงแรม
グラップ　トゥング　ローングレーム

ここにいますか　อยู่ ที่นี่ ถึง
ユー　ティニィ　トゥング

オープンしますか　เปิด
プァート

閉まりますか　ปิด
ピット

★時間の言い方は 22-23 ページを参照してください。

ひとくちメモ

◆撮っていい人・ダメな人◆
観光地で、タイドレスを着たきれいな女性が案内役として入り口付近に立っていることがあります。一緒に写真を撮りたいときは、相手の許可を得てから撮りましょう。通常は問題ないのですが、有料な場合もありますので気を付けて。ちなみに、女性はお坊さんと一緒に写真を撮ってはいけませんので、注意してください。

●水上マーケットの単語

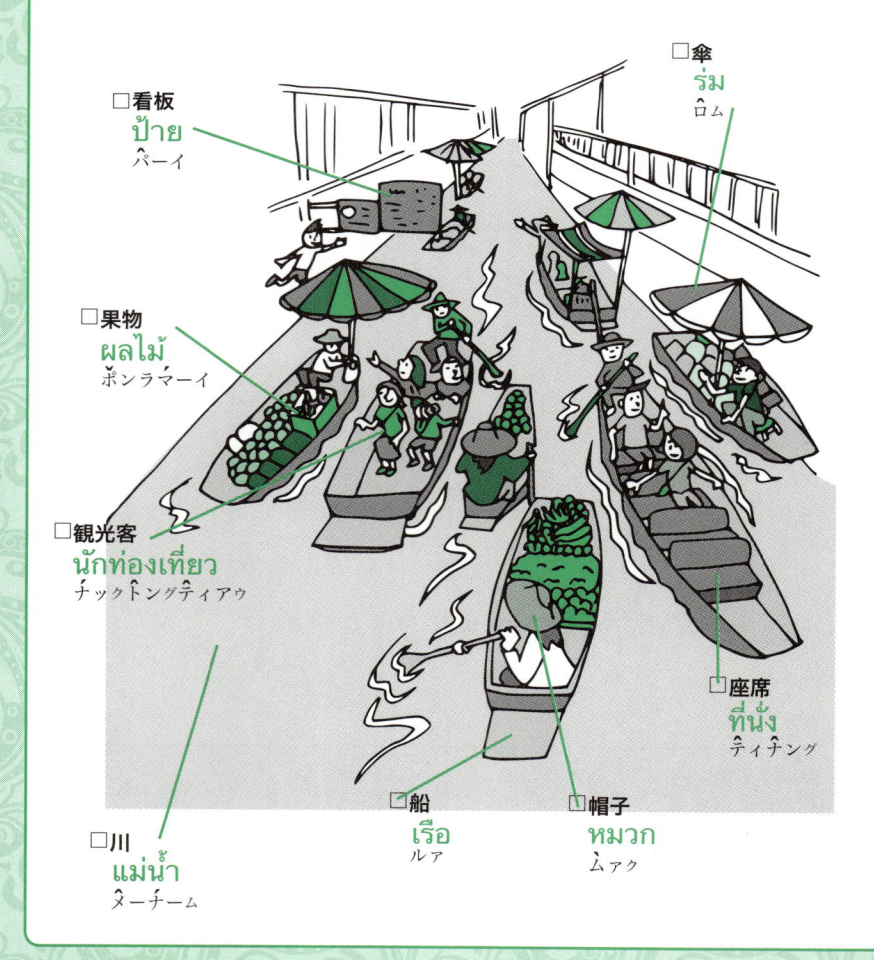

- □ 看板 **ป้าย** パーイ
- □ 傘 **ร่ม** ロム
- □ 果物 **ผลไม้** ポンラマーイ
- □ 観光客 **นักท่องเที่ยว** ナックトングティアウ
- □ 座席 **ที่นั่ง** ティナング
- □ 川 **แม่น้ำ** メーナーム
- □ 船 **เรือ** ルア
- □ 帽子 **หมวก** ムアク

観光スポットで見かける看板

◎ 閉館
ปิด
ピット

◎ 昼休み中
พัก เที่ยง
パック ティアング

◎ 危険
อันตราย
アンタラーイ

◎ 触らないでください
กรุณา อย่าจับ
ガルナー ヤーチャップ

◎ 撮影禁止
ห้าม ถ่ายรูป
ハーム ターイループ

◎ 静かにしてください
กรุณา เงียบ
ガルナー ギァプ

◎ タイ人用入り口
ทางเข้า สำหรับ คนไทย
ターングカウ サムラップ コンタイ

◎ 開館
เปิด
プァート

◎ 故障中
เสีย
シァ

◎ スリップ注意
ระวัง ลื่น
ラワング ルーン

◎ 立ち入り禁止
ห้าม เข้า
ハーム カウ

◎ フラッシュ禁止
ห้าม ใช้แฟลช
ハーム チャイフレット

◎ 靴を脱いでください
กรุณา ถอดรองเท้า
ガルナー トートローングターウ

◎ 外国人用入り口
ทางเข้า สำหรับ คนต่างชาติ
ターングカウ サムラップ コンターングチャート

定番フレーズ

ツアーに参加するときに聞く

◎ ツアーを予約したいのです。
 อยาก จอง ทัวร์
 ヤーク　チョーング　トゥア

◎ 所要時間はどれぐらいですか。
 ใช้ เวลา ประมาณ กี่ชั่วโมง
 チャイ　ウェーラー　プラマーン　ギー　チュアモーング

◎ ホテルに迎えにきますか。
 จะ มารับ ที่ โรงแรม ไหม
 チャ　マーラップ　ティ　ローングレェーム　マイ

◎ ツアーの参加者は何人ですか。
 มี ลูกทัวร์ กี่คน
 ミー　ルークトゥア　ギーコン

◎ ガイドさんは日本語を話せますか。
 ไกด์ พูด ภาษาญี่ปุ่น ได้ไหม
 カイ　プート　パーサーイープン　ダイマイ

アクティビティ 編

観光地を見て回る以外に、多彩なアクティビティにチャレンジするのも、タイ旅行の醍醐味のひとつです。タイの北部には自然豊かな山があり、南部にはきれいな海があります。北部では登山やハイキング、サイクリングなどを楽しむことができますし、南部でのマリンスポーツもおすすめです。また、バンコクの周辺には多くのゴルフ場があり、これもまた人気を集めています。

アクティビティ

希望を伝える

1. **カヤック**をやりたいです。
   อยาก จะ เล่น เรือคายัค
   ヤーク チャ レン ルァカーヤック

言い換え	ダイビング	ดำน้ำ
		ダムナーム
	バナナボート	บานาน่าโบ๊ท
		バナナーボート
	ジェットスキー	เจ็ทสกี
		チェットサキー
	スノーケリング	สน็อกเกอร์ริ่ง
		サノックァリング
	ゴルフ	กอล์ฟ
		ゴーフ
	ジャングルウォーク	เดินป่า
		ドゥーンパー
	サイクリング	ขี่ จักรยาน
		キー チャグラヤーン
	象トレッキング	ขี่ช้าง เที่ยว
		キーチャーング ティアウ
	フルーツカービング	แกะสลัก ผลไม้
		ゲェサラック ポンラマーイ

用具を借りる

2 **ダイビングスーツ**のレンタルはありますか。
มี ชุด ดำน้ำ ให้ เช่า ไหม
ミー チュット ダムナーム ハイ チャウ マイ

言い換え

水着	ชุด ว่ายน้ำ	チュット ワーイチャーム
スノーケリングセット	อุปกรณ์ ดำน้ำ	ウパゴーン ダムナーム
ゴルフクラブ	ไม้ กอล์ฟ	マーイ ゴーフ
ゴルフシューズ	รองเท้า กอล์ฟ	ローングターウ ゴーフ
ゴルフ用品	อุปกรณ์ เล่นกอล์ฟ	ウパゴーン レンゴーフ
テニスラケット	ไม้ เทนนิส	マーイ テンニット
自転車	จักรยาน	チャグラヤーン
カヤックボート	เรือคายัค	ルァカーヤック

設備についてたずねる

3 プールはありますか。
มี สระ ว่ายน้ำ ไหม
ミー サ ウーイチャーム マイ

言い換え	ゴルフ場	**สนาม กอล์ฟ** サナーム ゴーフ
	テニスコート	**สนาม เทนนิส** サナーム テンニット
	フィットネスジム	**ฟิตเนส** フィットネット

料金を聞く

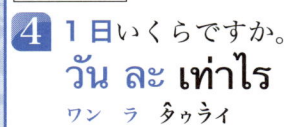

4 1日いくらですか。
วัน ละ เท่าไร
ワン ラ タゥライ

言い換え	レンタル料金は	**ค่า เช่า** カー チャウ
	グリーンフィーは	**ค่า สนาม** カー サナーム
	半日	**ครึ่ง วัน** クルング ワン
	レッスン代	**ค่า เรียน** カー リァン

定番フレーズ

◎ 予約したいです。
อยาก จอง
ヤーク チョーング

◎ キャンセルしたいです。
อยาก ยกเลิก
ヤーク ヨックルーク

◎ 内容を教えてください。
ช่วย อธิบาย รายละเอียด ด้วย
チュアイ アティバーイ ラーィラィアット ドゥアイ

◎ 天気はどうですか。
อากาศ เป็น ยังไง
アーガート ペン ヤンガイ

◎ 雨の場合どうしますか。
เวลา ฝนตก ต้อง ทำ ยังไง
ウェーラー フォントック トング タム ヤンガイ

◎ 安全ですか。
ปลอดภัย ไหม
プロートパイ マイ

◎ インストラクターつきですか。
มี ครูสอน ไหม
ミー クルーソーン マイ

●アウトドアでの単語

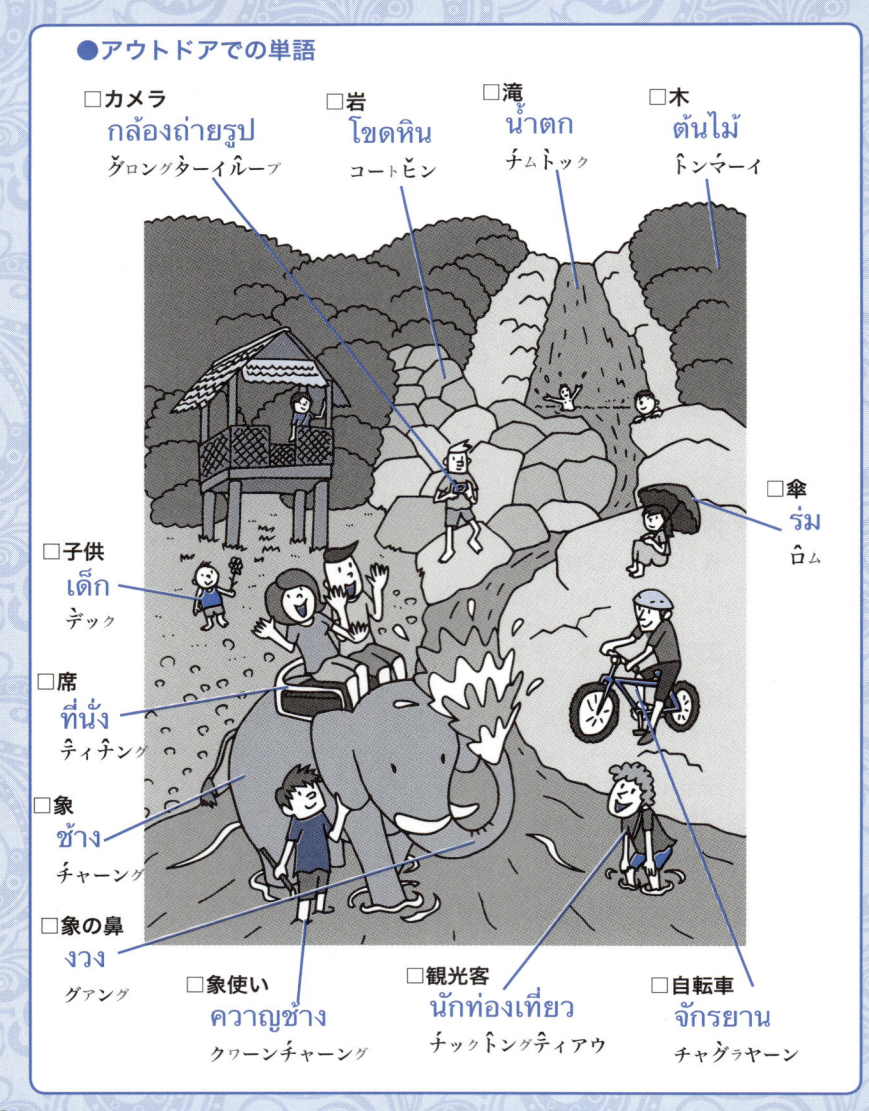

- □ カメラ
  กล้องถ่ายรูป
  グロングターイルーブ

- □ 岩
  โขดหิน
  コートヒン

- □ 滝
  น้ำตก
  ナムトック

- □ 木
  ต้นไม้
  トンマーイ

- □ 傘
  ร่ม
  ロム

- □ 子供
  เด็ก
  デック

- □ 席
  ที่นั่ง
  ティナング

- □ 象
  ช้าง
  チャーング

- □ 象の鼻
  งวง
  グアング

- □ 象使い
  ควาญช้าง
  クワーンチャーング

- □ 観光客
  นักท่องเที่ยว
  ナックトングティアウ

- □ 自転車
  จักรยาน
  チャグラヤーン

134

お役立ち単語

- [ ] はじめたばかり
  เพิ่ง เริ่ม
  プンｸﾞ ルーム

- [ ] カート
  รถเข็น
  ロットケン

- [ ] ゴルフクラブ
  ไม้กอล์ฟ
  マーイゴーフ

- [ ] ゴルフボール
  ลูกกอล์ฟ
  ルークゴーフ

- [ ] 5番ウッド
  หัวไม้เบอร์ 5
  ファマーイバァー ハー

- [ ] キャディ
  แคดดี้
  ケャッディ

- [ ] キャンプ
  แคมป์
  ケェンプ

- [ ] 用具
  อุปกรณ์
  ウパゴーン

- [ ] 食料
  อาหาร
  アーハーン

- [ ] 気候
  อากาศ
  アーガート

- [ ] 気候が暑い
  อากาศ ร้อน
  アーガート ローン

- [ ] 気候が寒い
  อากาศ หนาว
  アーガート ナーゥ

- [ ] 雨が降る
  ฝนตก
  フォントック

- [ ] 喉が渇いた
  หิวน้ำ
  ヒゥナーム

- [ ] 準備
  เตรียมตัว
  トリャムトゥア

- [ ] 忘れ物
  ลืมของ
  ルームコーング

- [ ] 濡れた
  เปียก
  ピャク

リラクゼーション

コースを選ぶ

1 足裏マッサージをしたいのですが。

อยาก จะ นวด ฝ่าเท้า
ヤーク チャ ヌァット ファーターゥ

言い換え

タイ式マッサージ	นวด แผนไทย ヌァット ペェーンタイ
薬草マッサージ	นวด สมุนไพร ヌァット サムンプライ
アロマオイルマッサージ	นวด น้ำมัน ヌァット ナムマン
ボディスパマッサージ	บอดี้ สปา ボーディー サパー
フェイススパマッサージ	เฟซ สปา フェース サパー
サウナ	ซาวน์น่า サーゥナー

ひとくちメモ

◆リラックス＆ビューティ◆
疲れた体を癒したい…そんなときにおすすめなのがタイ式マッサージです。伝統的なマッサージ方法で、ストレッチと指圧で、凝り固まった身体をほぐしてくれます。足のつま先からもみほぐし、最後は肩と頭のマッサージをしてくれます。店によっては暖かい薬草ハーブボールを使って、ひどい凝りを緩和してくれたりもします。美容を追求したい方にはスパがおすすめです。タイには多くのスパがあり、ボディスクラブやフェイシャルのコースをはじめ、多彩なメニューが体験できます。

予約をする

2 明日の予約をお願いできますか。

ขอ จอง วันพรุ่งนี้ ได้ไหม
コー チョーング ワンプルングニィ ダイマイ

言い換え

今日の午後	วันนี้ ตอนบ่าย	ワンニィ トーンバーイ
明日の午前	พรุ่งนี้ ตอนเช้า	プルングニィ トーンチャーウ
明日の午後	พรุ่งนี้ ตอนบ่าย	プルングニィ トーンバーイ
15日の夕方	วันที่ สิบห้า ตอนเย็น	ワンティ シップハー トーンイェン

3 午前10時からお願いします。

ขอ จอง ตั้งแต่ สิบ โมง เช้า
コー チョーング タングテー シップ モーング チャーウ

言い換え

午前11時半	สิบเอ็ด โมง ครึ่ง	シップエット モーング クルング
午後3時	บ่าย สาม โมง	バーイ サーム モーング
午後7時	หนึ่งทุ่ม	ヌングトゥム

★時間の言い方は22-23ページを参照してください。

お役立ち単語

- [ ] ネイル
  ทำเล็บ
  タムレップ

- [ ] 肌トリートメント
  บำรุง ผิว
  バムルング ピゥ

- [ ] 痛い
  เจ็บ
  チェップ

- [ ] 気持ちいい
  สบาย
  サバーイ

- [ ] 2時間
  สอง ชั่วโมง
  ソーング チュアモーング

- [ ] もっと強く
  แรงๆ หน่อย
  レーング レーング ノイ

- [ ] もっと軽く
  เบาๆ หน่อย
  バウ バウ ノイ

- [ ] ちょうどいい
  กำลัง ดี
  ガムラング ディ

- [ ] 首を重点に
  นวด เน้น คอ
  ヌアット ネン コー

- [ ] 肩を重点に
  นวด เน้น ไหล่
  ヌアット ネン ライ

- [ ] ここはマッサージしなくていい
  ไม่ต้อง นวด ตรงนี้
  マイトング ヌアット トロングニィ

- [ ] レンタル料金
  ค่า เช่า
  カー チャウ

- [ ] 保証金
  ค่า มัดจำ
  カー マットチャム

- [ ] チップ
  ค่า ทิป
  カー ティップ

- [ ] 超過料金
  ค่า ล่วงเวลา
  カー ルアングウェーラー

- [ ] 忘れ物
  ลืม ของ
  ルーム コーング

トラブル 編

旅行中、トラブルに巻き込まれなければそれに越したことはないですが、可能性がゼロになることは決してありません。万が一トラブルに出くわしてしまったときは、あわてずに、周りにきちんと状況を説明することが大事です。このコーナーでは、いろいろなトラブルに対応できる簡単なフレーズや単語を紹介します。

トラブルに直面！

定番フレーズ

とっさのひと言

◎ 助けて！
ช่วยด้วย
チュアイドゥアイ

◎ 火事だ！
ไฟไหม้
ファイマイ

◎ 早く逃げろ！
หนีเร็ว
ニーレゥ

◎ 気をつけて！
ระวัง
ラワング

◎ 危ない！
อันตราย
アンタラーイ

◎ あの男を捕まえて！
ช่วย จับ ผู้ชาย คนนั้น ด้วย
チュアイ チャップ プーチャーイ コン ナン ドゥアイ

◎ 泥棒！
ขโมย
カモーイ

◎ やめて！
หยุด
ユット

◎ 痛い！
เจ็บ
チェップ

★ トラブルに直面！ ★

助けを呼ぶ

1 **警察**を呼んで！

ช่วย เรียก ตำรวจ ด้วย
チュアイ リャーク タムルアット ドゥアイ

言い換え

医者	**หมอ** モー
救急車	**รถพยาบาล** ロットパヤバーン
家族の人	**คน ใน ครอบครัว** コン ナイ クロープクルア
ガイド	**ไกด์** ガイ

盗難にあった

2 **盗まれ**ました。

ถูก ขโมย
トゥーク カモーイ

言い換え

強盗され	**จี้** チー
ひったくられ	**วิ่งราว** ウィングラーウ
騙され	**หลอก** ローク
スリにあい	**ล้วง กระเป๋า** ルアング グラパウ

3 かばんを盗まれました。
ถูก ขโมย กระเป๋า
トゥーク カモーイ グラパウ

財布 (言い換え)	กระเป๋า สตางค์ グラパウ サターング
お金	เงิน グン
パスポート	พาสปอร์ต パーサポート
カメラ	กล้องถ่ายรูป グロングターイループ
クレジットカード	บัตร เครดิต バット クレーディット
指輪	แหวน ウェーン
ネックレス	สร้อยคอ ソイコー
時計	นาฬิกา ナーリガー
パソコン	คอมพิวเตอร์ コムピゥターー
携帯電話	โทรศัพท์ มือถือ トーラサップ ムートゥー

物を紛失した

4 **カメラ**をなくしました。

ทำ กล้องถ่ายรูป หาย

タム グ_{ロング}ターイルーㇷ゚ ハーイ

言い換え	部屋の鍵	**กุญแจ ห้อง** グンチェー ホング
	パスポート	**พาสปอร์ต** パーサポート
	財布	**กระเป๋า สตางค์** グラパウ サターング
	クレジットカード	**บัตร เครดิต** バット クレーディット
	キャッシュカード	**บัตร เอทีเอ็ม** バット エーティエム
	指輪	**แหวน** ウェーン
	時計	**นาฬิกา** ナーリガー
	パソコン	**คอมพิวเตอร์** コムピゥトァー
	航空券	**ตั๋ว เครื่องบิน** トゥア クルァングビン
	携帯電話	**โทรศัพท์ มือถือ** トーラサップ ムートゥー

連絡を頼む

5 ホテルに連絡をしてください。
ช่วย ติดต่อ โรงแรม ให้ ด้วย
チュアイ ティットー ローングレーム ハイ ドゥアイ

言い換え	大使館	**สถานทูต ญี่ปุ่น** サターントゥート イープン
	保険会社	**บริษัท ประกัน** ボリサット プラガン
	警察	**ตำรวจ** タムルアット
	家族	**ครอบครัว** クローブクルア
	レンタカー会社	**บริษัท รถเช่า** ボリサット ロットチャウ

定番フレーズ

タイ観光警察にて

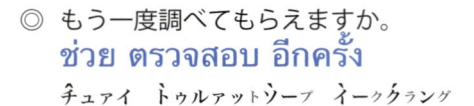

◎ もう一度調べてもらえますか。
ช่วย ตรวจสอบ อีกครั้ง
チュアイ トゥルアットソープ イーククラング

◎ 見つかったら教えてください。
ถ้า เจอ กรุณา แจ้ง ให้ทราบ ด้วย
ター チュー ガルナー チェーング ハイサープ ドゥアイ

◎ 盗難届けに来ました。
มา แจ้งความ ของ ถูกขโมย
マー チェーングクワーム コーング トゥークカモーイ

◎ 盗難証明書をください。
ขอ ใบ แจ้งความ ของ ถูกขโมย
コー バイ チェーングクワーム コーング トゥークカモーイ

◎ 紛失届けに来ました。
มา แจ้งความ ของหาย
マー チェーングクワーム コーングハーイ

◎ 紛失証明書をください。
ขอ ใบ แจ้งความ ของหาย
コー バイ チェーングクワーム コーングハーイ

◎ 日本語を話せる人はいませんか。
มี คน ที่ พูด ภาษาญี่ปุ่น ได้ไหม
ミー コン ティ プート パーサーイープン ダイマイ

◎ 英語を話せる人はいませんか。
มี คน ที่ พูด ภาษาอังกฤษ ได้ไหม
ミー コン ティ プート パーサーアングリット ダイマイ

> **ひとくちメモ**
>
> ◆盗難にあったら◆
> タイで盗難にあった場合は、タイ観光警察（Tourist Police）もしくは最寄りの警察署へ行って盗難届けを出しましょう。タイ観光警察は英語が通じ、時間帯によっては日本語の話せる警察官もいるので、細かい手続きの相談が可能です。また、盗難にあったときのために、旅券のコピーを持っていると手続きがスムーズにいきます。盗難証明書は、海外旅行保険金の請求や旅券の再発給時に保険会社及び在タイ日本大使館から求められます。

定番フレーズ

事故・けがをしたとき

◎ 車でぶつけました。
ขับ รถ ชน
カップ ロット ション

◎ 車に跳ねられました。
ถูก รถ ชน
トゥーク ロット ション

◎ けがをしました。
ได้รับ บาดเจ็บ
ダイラップ バートチェップ

◎ ここが痛いです。
เจ็บ ตรงนี้
チェップ トロングニィ

◎ 病人を動かさないでください。
อย่า ขยับ ตัว ผู้ป่วย
ヤー カヤップ トゥア プーファイ

◎ 保険に入っています。
มี ประกัน
ミー プラガン

◎ カードを止めてください
ช่วย ยกเลิก บัตร ให้ด้วย
チュアイ ヨックルーク バット ハイドゥアイ

◎ カードを再発行してください
ช่วย ออก บัตรใหม่ ให้ด้วย
チュアイ オーク バットマイ ハイドゥアイ

お役立ち単語

- 病院
  โรงพยาบาล
  ローングパヤバーン

- 救急車
  รถพยาบาล
  ロットパヤバーン

- 信号無視
  ฝ่า ไฟแดง
  ファー ファイデーング

- 損害保険
  ประกันภัย
  プラガンパイ

- 交通事故
  อุบัติเหตุ จราจร
  ウバッティヘート チャラーチョーン

- 転ぶ
  หกล้ม
  ホックロム

- ひき逃げ
  ชน แล้วหนี
  チョン レーゥニー

- 軽傷
  บาดเจ็บ เล็กน้อย
  バートチェップ レックノーイ

- 重傷
  บาดเจ็บ สาหัส
  バートチェップ サーハット

- 警察署
  สถานี ตำรวจ
  サターニー タムルアット

- 観光警察
  ตำรวจ ท่องเที่ยว
  タムルアット トングティアウ

- パトカー
  รถ ตำรวจ
  ロット タムルアット

- 火事
  ไฟไหม้
  ファイマイ

- 消防署
  สถานี ดับเพลิง
  サターニー ダッププルーング

- 消防士
  พนักงาน ดับเพลิง
  パチックガーン ダッププルーング

- 消防車
  รถ ดับเพลิง
  ロット ダッププルーング

147

病院・薬局で

お役立ち単語

- お腹が痛い
  ปวดท้อง
  プァットトーング

- 頭が痛い
  ปวดหัว
  プァットラァ

- 背中が痛い
  ปวดหลัง
  プァットラング

- のどが痛い
  เจ็บคอ
  チェップコー

- 咳をする
  ไอ
  アイ

- 風邪をひく
  เป็นหวัด
  ペンウット

- 下痢
  ท้องเสีย
  トーングシア

- 熱がある
  มีไข้
  ミーカイ

- じんましんが出る
  เป็นผื่น
  ペンプーン

- 鼻水が出る
  น้ำมูก ไหล
  ナムムーク ライ

- 腫れ
  บวม
  ブアム

- 炎症
  อักเสบ
  アックセープ

- めまい
  เวียนหัว
  ウィアンラァ

- だるい
  ปวดเมื่อย
  プァットムァイ

- 便秘
  ท้องผูก
  トーングプーク

- 吐き気
  คลื่นไส้
  クルーンサイ

★ 病院・薬局で ★

- [ ] 消化不良
  อาหาร ไม่ย่อย
  アーハーン マイヨイ

- [ ] 高血圧
  ความดัน สูง
  クワームダン スーング

- [ ] 低血圧
  ความดัน ต่ำ
  クワームダン タム

- [ ] 骨折
  กระดูก หัก
  グラドゥーク ハック

- [ ] 眼科
  แผนก จักษุ
  パネーーク チャクス

- [ ] 小児科
  แผนก เด็ก
  パネーーク デック

- [ ] 歯科
  แผนก ทันตกรรม
  パネーーク タンタガム

- [ ] 外来
  แผนก ผู้ป่วยนอก
  パネーーク プープァイノーク

- [ ] 血液型
  กรุ๊ปเลือด
  グルップ ルアート

- [ ] 健康保険
  ประกัน สุขภาพ
  プラガン スッカパープ

- [ ] 生命保険
  ประกันภัย
  プラガンパイ

- [ ] 保険番号
  เบอร์ประกัน
  ブァープラガン

発症時期を伝える

1 昨日からなっています。
เป็น ตั้งแต่ เมื่อวานนี้
ペン タングテェー ムァワーンニィ

言い換え

昨晩	เมื่อคืนนี้ ムァクーンニィ
今朝	เมื่อเช้า ムァチャーウ
3日前	3 วัน ก่อน サーム ワン ゴーン
先週	อาทิตย์ ที่แล้ว アーティット ティレーウ

ひとくちメモ

◆タイの病院事情◆
タイにはさまざまなグレードの病院があります。タイ人が通うローカルな病院は、値段が安いかわりに待ち時間が長く、設備もそこそこです。日本人向けのサービスが充実している病院は、日本語が話せる医師や通訳者が常勤しており、設備も技術もしっかりしています。治療費はローカルな病院よりは高額ですが、海外旅行保険に加入している場合は、日本語が通じる病院に行くことをおすすめします。

★ 病院・薬局で ★

医者に言われる

2 入院しなければいけません。
ต้อง นอน โรงพยาบาล
トング ノーン ローングパヤバーン

言い換え

傷の手当をし	ทำ แผล	タム プレー
傷を縫わ	เย็บ แผล	イェップ プレー
注射をし	ฉีด ยา	チート ヤー
点滴をし	ให้ น้ำเกลือ	ハイ ナムグルア
手術し	ผ่าตัด	パータット
ギブスをはめ	เข้าเฝือก	カウファク
レントゲンを撮ら	ถ่าย เอ็กซเรย์	ターイ エックサレー
抗生物質を飲ま	กิน ยา ปฏิชีวนะ	ギン ヤー パティシーワナ

151

定番フレーズ

病院で使う

◎ 日本語を話せる医者はいますか。
มี หมอ ที่ พูด ภาษาญี่ปุ่น ได้ไหม
ミー モー ティ プート パーサーイープン ダイマイ

◎ 日本語の通訳はいますか。
มี ล่าม ภาษาญี่ปุ่น ไหม
ミー ラーム パーサーイープン マイ

◎ 医者の診断書をください。
ขอ ใบ รับรองแพทย์
コー バイ ラップローングペェート

◎ クレジットカードで支払いたいです。
อยาก ชำระเงิน ด้วย บัตร เครดิต
ヤーク チャムラグン ドゥアイ バット クレーディット

◎ 健康保険に入っています。
มี ประกัน สุขภาพ
ミー プラガン スッカパープ

◎ 妊娠中です。
กำลัง ตั้งครรภ์
ガムラング タングカン

◎ 薬アレルギーがあります。
แพ้ ยา
ペェー ヤー

★ 病院・薬局で ★

薬を買う

3 鎮痛剤はありますか。
มี ยา แก้ปวด ไหม
ミー ヤー ゲーブァット マイ

言い換え

解熱剤	ยา ลดไข้
	ヤー ロットカイ
消毒液	ยา ฆ่าเชื้อ
	ヤー カーチュア
目薬	ยา หยอดตา
	ヤー ヨートター
傷薬	ยา ใส่แผล
	ヤー サイプレェー
（乗り物）酔い止め	ยา แก้เมารถ
	ヤー ゲーマウロット

ひとくちメモ

◆保険に必要な証明書◆
平成13年1月1日から、国民健康保険が海外でも適応することになりました。海外渡航中に病気やけがをして治療を受けた場合、帰国後、その一部の払い戻しを受けることができるようになったのです（いろいろ細かい規定がありますので、詳しいことは住んでいる各都道府県にお問合せください）。なお、海外で治療を受けた際には、「診療内容証明書」や「領収明細書」などが必要となりますので、もらい忘れないよう注意しましょう。

薬の飲み方の説明

4 2錠飲まなければいけません。

ต้อง กิน 2 เม็ด
トング ギン ソーング メット

言い換え	スプーン1杯	**หนึ่ง ช้อน** ヌング チョーン
	食後に	**หลัง อาหาร** ラング アーハーン
	食前に	**ก่อน อาหาร** ゴーン アーハーン
	寝る前に	**ก่อน นอน** ゴーン ノーン
	1日3回	**วัน ละ สามครั้ง** ワン ラ サームクラング

定番フレーズ

◎ 1回に何錠飲みますか。
กิน ครั้ง ละ กี่เม็ด
ギン クラング ラ ギーメット

◎ 何日続けて飲みますか。
ต้อง กิน ติดต่อกัน กี่วัน
トング ギン ティットトーガン ギーワン

◎ この処方箋の薬をください。
ขอ ยา ชนิดนี้ ได้ไหม
コー ヤー チャニットニィ ダイマイ

★ 病院・薬局で ★

●身体部位の単語

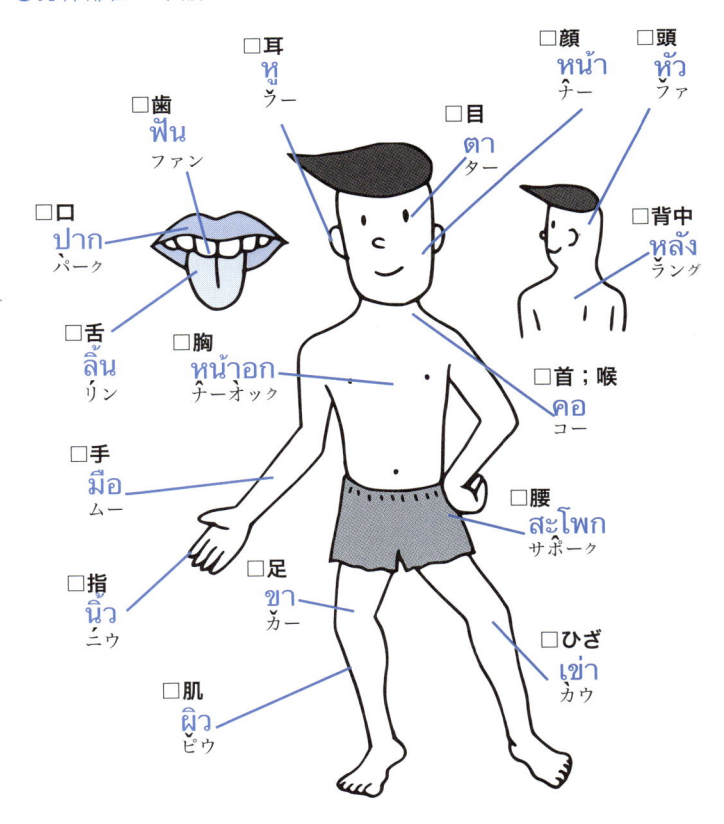

- □耳 หู ฺフー
- □顔 หน้า ナー
- □頭 หัว ファ
- □歯 ฟัน ファン
- □目 ตา ター
- □背中 หลัง ラング
- □口 ปาก パーク
- □舌 ลิ้น リン
- □胸 หน้าอก ナーオック
- □首；喉 คอ コー
- □手 มือ ムー
- □腰 สะโพก サポーク
- □指 นิ้ว ニウ
- □足 ขา カー
- □ひざ เข่า カウ
- □肌 ผิว ピウ

155

【あ】

アイスコーヒー 72
アイスティー 73
アイライナー 109
アイロン 58
青 103
赤 103
空き部屋 13/62
揚げ魚のスパイシーサラダ 80
揚げ卵の甘酢あんかけ 79
揚げパン 60
朝 21
麻 102
足裏マッサージ 136
明日 28
味見 15
温か白玉入りデザート 88
新しいもの 91/113
暑い(トラブル) 65
アップルジュース 32
アヒルの料理 76/79/81/85
危ない 140
甘い 14
雨の場合 133
アユタヤツアー 121
ありがとう 18/48
あれ(ください) 8/114
アロマオイルマッサージ 136
アロマキャンドル 106
あんかけ(麺料理) 82/83
安全 133
案内(所・カウンター) 112/123
いい 14
イカ .... 80(サラダ)/85
行き方 18
行きたい 9
いくら 21/48/114
医者 .... 11/39/141(呼ぶ)
伊勢丹デパート 118
急ぐ 47/91
痛い 140/146
痛み止め 34
イタリア料理のレストラン 94/68
市場 94/98
一味唐辛子 84
いつ 21
イヤリング 108
要らない 18/113
入口 16/123
インストラクター 133
インターネット ..... 55(ID・パスワード)
58/65(トラブル)
インド風マッサマンカレー 74
ウイスキー 32
上 25
烏骨鶏の漢方スープ 75
後 25

腕時計 105
海が見える部屋 50
エアコン .... 11(温度)/64(故障)
エアポートリンク電車 46
英語(を話せる人) 145
英語のメニュー 71
エクストラベッド 10
エスカレーター 56/112/123
エビの料理 76/77/78/80/81/85
エメラルド寺院 16/118
エレベーター 56/112/123
鉛筆 107
おいしい 14
大きな 41
お金(紛失・盗難) 142
お粥 60/77
お勘定 19
奥のテーブル 70
お茶 106
お酒 42
おしぼり[お手拭き] 10/90
おすすめのレストラン 68
おすすめ料理 93
遅い 24
お釣り 48
お手洗い 16/30/123
大人1枚 122
お土産(屋) 42/52/119
おむつ 110
面白い 14
お湯(トラブル) 65
オレンジ(色) 103
オレンジジュース 32/72
終わる 17

【か】

カート 40
カード .... 54/93(支払い)/146(トラブル)
ガーリックライス 76
会議 38
会計 91
外国人用1枚 122
会社員 39
階段 56
ガイド .... 13/128/141(呼ぶ)
買い物 120
化学調味料 73
鍵 .... 55/64(故障)/65(トラブル)
家具売り場 99
学生 .... 39/122(入場券)
カクテルのメニュー 71
傘 105
火事 140
かすり調のタイシルク 102
家族 .... 141(呼ぶ)/144(連絡)
カナー菜カリカリ豚肉炒め 78
カニの料理 76/78
かばん(紛失・盗難) 142

カフェ 119
かまいません 18
かみそり 110
髪留め 108
カメラ(紛失・盗難) 142/143
カヤック .... 130/131(レンタル)
辛い 14
カラオケ 52/120
辛くない料理 93
辛子 73/86
辛子入りのお酢 84
カレーそうめん 83
革(の) 41/108
川辺の 69/70
観光 38
韓国料理のレストラン 68
黄 103
キーホルダー 106
貴重品 55
喫煙 .... 50(ルーム)/70(テーブル)
切符売り場 46
昨日 28
昨日[晩]から(症状) 150
きのこのクリームスープ 75
ギプス 151
キャスター付き 41
キャッシュカード(紛失・盗難) 143
キャンセル 15/54/133
キャンドル立て 106
救急車(呼ぶ) 141
宮殿 118
牛肉の料理 31/79/80
牛乳 32/61
今日 28
教師 39
郷土料理屋 69
気をつけて 140
銀 41/108
禁煙 .... 50(ルーム)/70(テーブル)
銀行 16/43
空心菜 .... 78(炒め)/85
クーポン券売り場・返却場 92
くし 110
薬アレルギー 152
果物 .... 13/60/61(ジュース)/88
口紅 109
靴 .... 98(靴屋)/105
靴下 100
くらげ 85
グリーンカレー 74
グリーンフィー 132
車でぶつけた[跳ねられた] 146
グレー 103
クレジットカード .... 114/142(紛失)
/143(盗難)/152(払う)
クレンジングクリーム[フォーム] 109
黒 41/103

156

★ さくいん ★

ケーキ（屋）		69/88/119
警察		141/144（連絡）
計算		91
携帯電話（紛失・盗難）		142/143
怪我した		146
今朝から（症状）		150
消しゴム		107
化粧室		56
化粧水		109
化粧品		42/99（売り場）
解熱剤		153
現金		43/54（払い）
健康保険		152
濃い色		103
航空券（紛失・盗難）		143
公務員		39
香水		42/109
抗生物質		151
紅茶		32
強盗		141
交番		16/119
コーヒー		8/32
コーヒーショップ		56/69
公務員		39
ゴーヤの肉詰めスープ		74
氷		72/73
コーンスープ		75
コーンフレーク		61
コカコーラ		32/72
午後		21
ここです		19
ココナッツ関連の料理		72/81/83/88
小皿		90
コショウ		84
故障		64
午前[午後]の時間の読み方		22/23
子供関連語		31/71/99/122
コピー		11
細かいお札		43
五目粥		77
暦の月		26/27
ゴルフ関連語		120/130/131/132
これ		8/18（いくら）/114（ください）
これより小さい[大きい]サイズ		104
これより短い[長い]もの		104
紺色		41
今週		28
こんにちは		18
コンビニ		62/98

【さ】

サービスカウンター		112
サービス料		51
サーモンサラダ		81
サイクリング		130
サイズ		104/113
再入場する		124
財布		105/142（盗難）/143（紛失）
サウナ		136
魚の料理		31/74/75/78/85
雑誌		10
サテン		102
砂糖		84
寒い		33/65
さようなら		18
皿		91
触る		124
参加者		128
サングラス		105
サンダル		105
サンプル商品		42
ジーパン		100
シーフードの料理		76/80
シーフードのレストラン		68
シーロム		46
ジェットスキー		130
塩		84
時間（単位・名詞）		13/24/48
仕事		38
下		25
試着		113
自転車（レンタル）		131
市内観光ツアー		121
閉める		17
写真関連語		9/15/71/98/106/124
シャツ		100
ジャム		61
ジャングルウォーク		130
シャンプー		59
住所		48
手術		151
渋滞		48
出国カード		30
主婦		39
精進料理		31
消毒液		153
常備薬		42
醤油味焼きそば麺		82
食前[後]に		154
書籍売り場		99
処方箋の薬		154
所要時間		128
シルク		102/108
白		103
シングルルーム		50
紳士服売り場		99
親戚の家		39
親族訪問		38
診断書		152
新聞		30
スイートルーム		52
スイカシェーク		72
水上マーケット		118
数字の読み方		20
スーツ		100
スーツケース		41
スーパーマーケット		98
スカート		100
スカーフ		100/105
好きですか		12
スクムビット		47
錫（すず）		108
頭痛		34
ストロー		90
スノーケリング		130/131（レンタル）
スパ		52
スパゲティ		83
スプーン		90/92/93/154（1杯）
スペアリブのはちみつ蒸し		79
スポーツ用品売り場		99
すみません		18
スリ		141
座る		124
税関・税金		30/51
生鮮食品売り場		99
清掃		59
セーフティボックス（故障）		64
背負える		41
席		30/34（替える・倒す）
石鹸		110
セットメニュー		71
セラドンカップセット		106
セロテープ		107
洗剤		110
先週から（症状）		150
セントラルデパート		98
象		120/130（トレッキング）
送迎		13
そうです		19
そこです		19
外		25
それ		8/114（ください）

【た】

ターンテーブル		40
タイ語は分かりません		19
大使館（連絡）		144
タイ式マッサージ		52/120（古式）/136
タイシルク		10/120
タイスキ		68/85
タイ東北部料理のレストラン		68
タイ人形		106
ダイビング		130
ダイビングスーツ（レンタル）		131
親戚の家		39
タイ風の料理		60/75/79/80/82/88
タイ舞踊		120
タイ料理		31/52/68（レストラン）/120
タオル		58（追加）/110
高い（値段）		14/18/114
高くない		50（部屋）/69（レストラン）
高すぎる		114
タクシー関連		11/46/55/112
竹の子料理		74/81
助けて		19/140

タバコ 1 カートン...42	時計（紛失・盗難）...142/143	値札...111
タバコ臭い（トラブル）...65	どこ...21	寝仏像...120
食べ方...91	トムヤム関連...74/76/82	寝る前に...154
食べたい...9	停める...47	飲み物売り場...92
卵（料理）...76/85	友達の家...39	飲み物のメニュー...71
騙された...141	ドライクリーニング...59	のり...107
だれ...21	ドラッグストア...98	乗り物の酔い止め薬...33/153
タレ...86	トランク...47	乗り物酔い...33
団体 1 枚...122	ドリアン...9	
小さな...41	鶏肉の料理...31/74/76/77	【は】
チェックアウト［イン］...54/62	取り分け用のスプーン...90	バー...52
チェンマイ...9	泥棒...140	パーツ...43
違う...19		ハーブの魚すり身巻き...85
地下鉄...46	【な】	ハーブ入り野菜スープ...74
チキンカレー...31	ナイトクラブ...52	灰皿...13/90
地図...11/55	ナイフ...90	パイナップルジュース...72
ちまき...77	内容...133	パイナップル炒飯...76
茶（色）...41/103	直してください...11	はがき...54/107
チャーハン...60	中...25	パクチー...12/73/86
チャイナタウン...118	長ズボン...100	博物館...118
中華ソーセージご飯...77	長袖...102	箱...111
中華料理のレストラン...68	中に入る...124	はさみ...107
注射...151	なすのサラダ...80	箸...10/90
駐車場の出口...112	なぜ...21	始まる...17
注文した料理...93	何...21/95	バジル入り激辛焼きそば...82
朝食代...51	ナプキン...110	バス停...16
ちょうど...24	なまずのカリカリ揚げサラダ...80	バス乗り場...46
ちょっと待って...19	生野菜サラダ...81	パスポート（紛失・盗難）...142/143
鎮痛剤...10/153	何時...17/125	パソコン（紛失・盗難）...142/143
ツアー...128	何日...115	バター...61
追加ベッド...55	何日続けて...154	パタヤ...47
ツインルーム...50	何人...128	パタヤツアー...121
通訳...10	ナンプラー...84	パッカチャードの炒め...78
捕まえて...140	苦瓜のツル炒め...78	バナナのシロップ煮...88
燕の巣のスープ...75	肉...95	バナナボート...130
潰したピーナッツ...84	日本円...43	パパイヤサラダ...81
連れて行く...47	日本語...128	パブ...120
ティッシュ...110	日本語が話せる人...62/145/152（通訳）	歯ブラシ［磨き］...110
テーブル...91	日本語通訳...152	パヤータイ駅...46
できます・できません...19	日本語のメニュー...13/71	早い...24
出口...16/123	日本語を話せる医者...152	早く逃げろ...140
デザートのメニュー...71	日本料理のレストラン...68	春雨サラダ...80
デザイン...102/113	荷物...47/62（預ける）	春雨スープ...74
手作り...109	荷物受け取り所...40	春巻き...79
テニス...52/131（レンタル）/132	荷物預かり所...123	パン...61
デュシタニホテル...39	入院...151	バンコク市内ツアー...121
テレビ（故障）...64	入国カード...30	半ズボン...100
天気...133	入場券...122	半袖...102
電気製品売り場...99	入場券売り場...123	ハンドバッグ...105
電球（トラブル）...65	入場料...122	半日ツアー...121
点心...79	乳液...109	半日料金...132
電池...110	妊娠中...152	パン屋...69/98
点滴...151	にんにく...73/86	ピータンサラダ...80
電話（故障）...64	盗まれた...141	ビール...8/13/32/72
ドア（トラブル）...65	布製の...41	日帰りツアー...121
トイレ...65（トラブル）/112	ネギ...86	ひき肉入り豆腐のスープ...74
盗難証明書［届け］...145	ネクタイ...100	ビジネスセンター...52
どうやって...21	ネックレス...108/142（紛失・盗難）	非常口...30/56

★ さくいん ★

美術館 118
日付 26
ひったくられた 141
火鍋のトムヤムスープ 74
日にちの変更 15
左 25
日焼け止めクリーム 109
秒 24
病院 119
病人 146
開く 17
ピリ辛魚内臓スープ 75
昼 21
ピンク 103
便せん 59/107
ファクス 54
ファストフード 69
ファラムポーン駅 46
フィットネスジム 52/132
封筒 59/107
フードコート 92
フードセンター 69/120
プール 52/132
フェイススパマッサージ 136
フォーク 90
ふかひれスープ 75
婦人靴[服]売り場 99
豚肉の料理 31/76-83/85
ブッフェレストラン 69
フライトの変更 15
フランス料理のレストラン 68
フルーツカービング 130
ブレスレット 108
分 24
文具売り場 99
紛失 40/145
ヘアゴム 108
ヘアドライヤー 58
ベーコンサラダ 81
ヘッドフォン(故障) 33
部屋 .... 54(予約・変更)
 .... /65(トラブル)/143(鍵関連)
ベルト 105
ペン 107
変圧器 58
ベンチャロン陶器 106
帽子 105
包装紙 111
ボールペン 34
保険 .... 115/144(連絡)/146
ほしい 10
保湿クリーム 109
ホットコーヒー 72
ホットティー 73
ボディスパマッサージ 136
ホテル .... 55(名刺)125(戻る)/128(送迎)/144(連絡)
本物 108
本屋 98

【ま】

前 25
前金 51
枕(の追加) 10/30/33/58
また会いましょう 18
待ち合わせ 17
マッチ 59
窓際のテーブル 70
丸えり 102
右 25
水 .... 8/32/65(トラブル)/72
水着(レンタル) 131
ミックスサラダ 80
緑 103
身の回り品 42
ムエタイ 120
迎え(に来る) 12/17/125/128
蒸し鶏ご飯 76
無線 39
無線インターネット 58
メーター 47
目薬 153
目覚まし時計(故障) 64
目玉焼き 61
メニュー 8/71
メモノート 107
麺屋 69
麺料理 82/83
モーニングコール 59
毛布(の追加) 30/33/58
持ち帰り 91/93
もち米関連 77/88
木綿 102

【や】

焼き豚 86
野菜(料理) 60/75/78/95
安い[安く] 14/18/114
薬局 119
薬草マッサージ 136
やめて 140
夕方 21
郵便(局)・郵送 16/115/119
ゆで卵 60
指輪(紛失・盗難) 142/145
湯沸かしポット 58
ヨーグルト 61
曜日 28
洋風炒飯 76
予約 15/62/128/133/137
夜 21

【ら】

来週 28
ライス 60/77/85/86
ライム 86
ライムジュース 72
ラジオ(故障) 64
ラッピング 111
ランチのメニュー 71
リボン 111
リムジン乗り場 46
了解 19
両替 .... 9/43(所・証明書)
領収書 8/43/55/90/115
緑茶 32
緑麺 85
旅行用スーツケース 105
リンス 59
ルンピニースタジアム 118
冷蔵庫(故障) 64
レストラン 56
レセプション 56
レッスン代 132
レッドカレー 74
レンタカー会社(連絡) 144
レンタル .... 131/132(料金)
レントゲン 151
ロースとダック 86
ロビー 56

【わ】

ワイン 32
和食 31
綿 109
ワットアルン(暁の寺院) 118
ワットポー 118

【数字・英語】

〜時 24
〜時半 24
100グラム 94
1カ月 38
1キロ 94
1ダース 94
1週間 38
1人あたり 51
1袋 94
1泊あたり 51
1泊延泊 54
1箱 94
1匹 94
1部屋あたり 51
1枚 122
2錠 154
500グラム 94
CDショップ 98
S〜LL(サイズ) 104
Tシャツ 100
Vネック 102

● **著者紹介**

中島マリン（なかじま　まりん）
タイ人と日本人の両親をもち、高等学校までをタイで過ごす。タイ語・日本語ともネイティブで国際会議通訳、司法通訳などを務めるかたわら、成蹊大学、昭和女子大学オープンカレッジのタイ語講師を務める。著書『挫折しないタイ文字レッスン』（めこん）、『タイのしきたり』（めこん）などがある。

タナンパイ洋（たなんぱい　ひろし）
タイ人と日本人の両親をもち、高等学校までをタイで過ごす。タイ語・日本語ともネイティブでタイ語講師、語学教材のナレーション、企業の同時通訳や企業・官公庁等の翻訳の経験あり。現在会社員。

カバー・本文デザイン／DTP	サムリット
カバー・本文イラスト	サカタルージ
制作協力	オッコの木スタジオ

単語でカンタン！　旅行タイ語会話

平成24年（2012年）7月10日　初版第1刷発行
平成27年（2015年）7月10日　　　第2刷発行

著　　　者	中島マリン／タナンパイ洋
発 行 人	福田　富与
発 行 所	有限会社　Jリサーチ出版
	〒166-0002　東京都杉並区高円寺北2-29-14-705
	電話 03(6808)8801(代)　FAX 03(5364)5310(代)
	編集部 03(6808)8806
	http://www.jresearch.co.jp/
印 刷 所	㈱シナノ パブリッシング プレス

ISBN978-4-86392-110-8　　　禁無断転載。なお。乱丁・落丁本はおとりかえいたします。
© Marin Nakajima, Tanampai Hiroshi 2012 All rights reserved.